图书馆管理与信息应用

刘春节 / 著

云南科技出版社

图书在版编目（CIP）数据

图书馆管理与信息应用 / 刘春节著 . -- 昆明：云南科技出版社，2019.7
ISBN 978-7-5587-2245-5

Ⅰ . ①图… Ⅱ . ①刘… Ⅲ . ①图书馆管理—研究 Ⅳ . ① G251

中国版本图书馆 CIP 数据核字 (2019) 第 136711 号

图书馆管理与信息应用

刘春节　著

责任编辑：李凌雁
　　　　　杨志能
封面设计：黄伟娟
责任校对：张舒园
责任印制：蒋丽芬　梁　丽
书　　号：ISBN 978-7-5587-2245-5
印　　刷：朗翔印刷（天津）有限公司
开　　本：880mm×1230mm　　　1/32
印　　张：4.25
字　　数：100 千字
版　　次：2020 年 1 月第 1 版　2022 年 8 月第 2 次印刷
定　　价：56.00 元

出版发行：云南出版集团公司　云南科技出版社
地　　址：昆明市环城西路 609 号
网　　址：http://www.ynkjph.com/
电　　话：0871-64190973

版权所有　侵权必究

前言

本书立足于图书馆管理与信息应用,论述了图书馆的构建条件,并在相关条件较为成熟的基础上,提出信息化时代的图书馆的构建路径。主要内容包括图书馆的用户管理、人力资源管理、财力资源管理、时间成本管理以及信息化应用对图书馆管理产生的影响。本书涵盖图书馆与信息化应用的理论知识,资料翔实、层次分明,具有综合性、实践性和系统性的特点。本书不仅适合图书馆管理学习和工作的人员使用,也可作为相关科技工作者与研究人员的参考读物。

目 录

第一章 我国数字图书馆管理研究 1
第一节 数字图书馆的研究起源 3
第二节 数字图书馆的定义 7
第三节 数字图书馆的特征、结构、功能与要素 15
第四节 数字图书馆的发展 17
第五节 数字图书馆的管理内涵 21

第二章 数字图书馆的资源管理研究 27
第一节 电子图书资源的管理 31
第二节 对电子文献资源建设的思考 35
第三节 图书馆电子资源的发展趋势 39

第三章 图书馆管理及自动化系统研究 43
第一节 图书馆管理概论 45
第二节 图书馆自动化系统建设的理论与意义 50
第三节 图书馆自动化系统建设的现状 56
第四节 区域性图书馆自动化系统建设的可行忄生分析 ... 74

第四章　图书情报与信息管理导论 85
　　第一节　文化基础知识 87
　　第二节　图书情报与信息管理理论知识 92
　　第三节　文献信息处理方法与技术知识 109

参考文献 125

第一章

我国数字图书馆管理研究

第一节 数字图书馆的研究起源

20世纪末至21世纪初,国内外先后掀起了数字图书馆开发的热潮,对数字图书馆的研究不仅引发了信息技术专家和图书情报工作者的浓厚兴趣,而且引起了人文、社科研究人员及其他方面的注意。国内外许多图书馆和文献信息学科的专家广泛交换了意见,认为数字图书馆即图书馆自动化的高级发展阶段的出现,经历了三个阶段。第一阶段是图书馆自动化发展的初级阶段,即图书馆自动化管理集成系统发展阶段。这一阶段大约从20世纪60年代末、70年代初开始,以美国国会图书馆正式发行MARC Ⅱ型的机读目录为标志。第二阶段(或称过渡阶段)为图书馆在网上进行全球性、整体化的电子文献信息服务的新阶段。这一阶段发生在1985年左右,以CD-ROM光盘和局域网络开始在图书馆得到应用为主要标志。这使人们开始可以在图书馆、办公室、实验室甚至家中访问图书馆的书目、机读目录、单位局域网上的光盘数据库和大型文摘及检索系统。20世纪90年代Internet的迅猛发展,更是将图书馆网上的电子文献信息服务推向了全球性服务的新阶段。第三个阶段是图书馆自动化的高级发展阶段,也称为数字图书馆阶段。

关于数字图书馆的研究起源,许多学者认为应追溯到电子图书馆的研究起源,因为数字和电子都只是信息存储的方式而已。数字图书馆的前期,也称为电子图书馆,它包含一些电子模拟信息和资料。上海交通大学杨宗英教授认为:"1992年以前,人们多用'电子图书馆'。1992—1993年间多数并行使用这两个术语。1994年以后，使用数字图书馆的逐渐多起来。"美国密执安大学的研究者认为，数字图书馆可以定义为电子图书馆。1991—1993年间"电子图书馆"这一术语逐渐向"数字图书馆"的转变，说明人们似乎更愿意使用后者，这可能是人们对数字网络、数字音频、与电子出版有关的数字视频等的兴趣越来越浓的缘故。纵览历史，许多图书馆学、情报学史上的熠熠闪光的人物，包括 Watson Davis、Vannevar Bush 和 Fremont Rider 等一直都在努力用缩微技术创建微型图书馆，这种基于缩微技术的微型图书馆应是电子图书馆思想的最早期形态。在电子图书馆的思想发展史上，美国学者 Vannevar Bush 占有显赫的地位，他作为美国总统的科学顾问和研究发展局局长，于1945年在《大西洋》月刊上发表了日后被广泛引用、转载的著名论文《如我们所能想象的》(As We May Think)，文中提出了用名为 Memex 的桌面机械以类似于人脑的方式将文献加以存储、连接和检索的构想。Bush 被后人誉为"具有非凡想象力与创新精神的技术设计者和管理者"，他所设想的 Memex 成为日后几乎所有信息检索项目的试金石，并被尊为超文本技术（Hypertext）的先驱。我们认为将 Bush 称为"电子图书馆之父"是毫不为过的。美国著名图书馆学家、情报学家 F. W. Lancaster 也曾在1995年撰写的一篇书评中指出："将电子图书馆的最早思想来源追溯至 V. Bush 显然是恰当的。"大约半个世纪之后，在美国加州大学 Chico 分校成立了一家用 Memex 命名的机构"Memex Research Institute"，该研究所称其宗旨为"开发电子图书馆，实现 Bush 的梦想"。在我们看来，Bush 的观点的重要之处不在于他所称的"机械和装置"，而是他的两个构想：首先必须有能及时得到所需信息的设备；其次是读者自己就能检索这些信息。可见，

Bush 的"Memex"对个人用户的信息存取来说是一种理想的模型,他点燃了当时和后来许多图书馆员、文献学家、工程技术人员的智慧火花。

  1962年,美国在西雅图举办的"21世纪图书馆"的展览会上提出了"没有图书的图书馆"的观点,可以说这是电子图书馆的最先的舆论准备。1969年,美国国会图书馆正式发行 MARC Ⅱ机读目录,这是图书馆进入自动化的标志。1975年,美国图书馆学家 R. W. Christian 出版了 *Electronic Library: Bibliographic Databases. 1975—1976* 一书,书中首次提到了"Electronic Library"这个名词。在整个20世纪60、70年代,对电子图书馆思想贡献最大者莫过于 J. C. R. Licklider,他在1965年完成的图书馆学史上的经典之作《未来的图书馆》中,不仅展望了21世纪的图书馆,而且敏锐地意识到在图书馆馆藏中使用数字存储技术的优越性。他提出的"关联索引"及其他富于创新性的计算机检索概念,成为20世纪60年代中后期一些试验性示范项目探索的重点之一。20世纪70年代末、80年代初,F. W. Lancaster 在其专著《通向无纸情报系统》和《电子时代的图书馆与图书馆员》中描绘了电子时代图书馆的面貌和前景,但他本人并未明确提出电子图书馆这一术语并确定其内涵。1983年,美国人 H. F. Clire 和 L. T. Sinnott 在其专著《电子图书馆——自动化对学术图书馆的影响》中使用了"电子图书馆"的术语,但该书也仅仅如其书名副标题所反映的那样,这是一部关于图书馆自动化在美国四所大学图书馆中应用和开展情况的专著。根据对所掌握资料的分析,我们认为首次对电子图书馆这一概念给出明确定义的是美国人 K. E. Dowlin,他在1984年出版的《电子图书馆:前景与进程》一书中写道:"所谓电子图书馆是一个提供存取信息的最大可能性并使用电子技术增加和管理信息资源的机构。"

严格来说，基于缩微技术的微型图书馆，V. Bush 所构想的 Memex，Licklider 对图书馆应用数字存储技术和全文检索技术的推崇，F. W. Lancaster 对无纸信息系统和电子时代图书馆的描述，K. E. Dowlin 构想的电子图书馆模型等，都有很大的局限性。但他们确实天才般地预见了今日数字图书馆的某些特点，如：图书馆应依托于技术，应成为信息网络中一个转接中心，提供存取图书馆内外的信息，应讲求快速存取，以用户为中心等。早在1988年底，美国国家科学基金会就发起了"水星计划"，该计划的主要目标是利用现代技术建立一个规模较大的电子图书馆演示模型，内容还包括各种文献载体数字化和信息服务研究、版权问题、电子图书馆投资等问题。1994年，该基金会联合其他单位正式实施"数字图书馆创始"计划，这个计划的主要目标是"使收集、存储和组织数字化信息的技术手段得到较大提高，并使数字化信息通过网络被查询、检索和处理，而且有一个统一的用户友好界面"。其后的"美利坚记忆"——美国国家数字图书馆规划，以及在此规划基础上美国国会图书馆斥巨资进行的图片资料数字化，IBM 公司发起的数字图书馆研究倡议，若干大学提出的数字图书馆计划等，都是美国展开轰轰烈烈的数字图书馆研究的明证。同时，英国、日本、新加坡以及欧洲的一批大学也纷纷开始了联合开发数字图书馆的项目。我国的台湾新竹交通大学、香港科技大学对此也早有计划。虽然内地对数字图书馆的研究起步较晚，但是由于各方面的重视，正在逐步缩小与国外研究的差距。1991年，赖茂生发表了"电子图书馆的构想与实践"一文，较早地介绍了电子图书馆运行的构想。早期卓有成效的研究者当推上海交通大学杨宗英教授，1993年，他在《大学图书馆学报》以"电子图书馆的崛起"为题，连续发表了数篇有关电子图书馆的力作，为后期的学术研究和建设奠定了基础。近年来，中国科学院文献情报中心徐引篪、霍国庆所著的《现代图书馆学理论》，汪冰博士的《电子图书馆理论与实践研究》《电子图书馆及其相关概念辨析》，武汉大学图书情报学院黄宗忠教授的《论21世纪的图书馆》《论21世纪的虚拟图书馆与传统图书馆》，北京大学刘兹恒先生的《试论虚拟图书馆与传统图书馆的关系》等一批论述电子图书馆、数字图书馆的力作相继问世，提出了令人信服的理论观点和未来发展模式的思路。

第二节 数字图书馆的定义

目前，数字图书馆研究正日益广泛和深入，数字图书馆建设也逐步从实验阶段向实际应用阶段转变。但是，对什么是数字图书馆，它包括哪些内涵，由哪些基本要素组成，有什么社会功能等诸多问题，人们在认识上还存在较大的分歧。这种分歧集中表现在数字图书馆的定义呈现出多样性特点，至今也没有一个科学、严谨、为大家所认同的定义。对一个新生事物而言，出现这种现象是必然的。然而这种现象不能长期持续下去，否则，必将给数字图书馆的研究和建设造成不利影响。因此，尽快给数字图书馆正名，并由此确定数字图书馆的内涵、目的、功能等内容，应是目前数字图书馆研究中需要解决的当务之急。

一、数字图书馆定义多样性的原因分析

回顾数字图书馆的研发历程,我们知道,"数字图书馆"的英文名称是"Digital Library",最早起源于1993年开始的美国"数字图书馆创始工程"(Digital Library Initiative,简称DLI)。这项工程的意图是促进网络环境下收集、存储、组织和管理数字化信息的手段和技术的进步,其研究项目包括环境规划和地理信息系统、海量的空间和地理信息的集成及检索、科技文献的联邦化仓储、各类信息服务的互操作机制、智能代理框架等众多内容。这种研究内容的分散性导致了不同研究领域的研究者从不同的角度理解"数字图书馆",从而造成了"数字图书馆"概念的多样性。此外,这些内容主要属于信息处理技术领域,因此人们理解"数字图书馆"时也主要从工程技术的角度来考虑。随着数字图书馆研究的广泛展开,这种状况大有愈演愈烈之势。

数字图书馆概念的多种提法主要来自名人学者、专家教授及专业技术人员,代表着各个不同层次、不同岗位人员对数字图书馆的认识和看法。其产生原因主要有以下几个方面:

(1)对新生事物的不同认识是产生对其概念多种提法的重要原因之一。数字图书馆正处于新生发展阶段,其特有的本质特征正在成长发展中,人们对它的认识同样处于发展阶段,在这一新生发展阶段,对它的认识不可能全面、深刻,更不会完全统一。

(2)数字图书馆与其意义相近的电子图书馆、无墙图书馆、虚拟图书馆、网上图书馆等,未加仔细区别而交替使用,是产生多种数字图书馆概念的另一原因。比如,有人认为"数字化

图书馆实际就是人们所说的电子图书馆、无墙图书馆、虚拟图书馆，不同的称谓只是人们从不同的角度描述数字化图书馆的特征"。

（3）数字图书馆明显的多学科性导致其概念的多种提法。数字图书馆涉及图书馆学、情报学、信息学、数字科学、计算机科学、网络科学、通信科学等，人们在认识数字图书馆过程中，由于观察的角度不同，或偏重于某一学科，就产生一种关于数字图书馆的观念。因为它的多学科、跨学科性，所以就容易产生多种观念的提法。有人认为"上了网的图书馆就是数字图书馆"，这种认识是不全面的。

（4）不同行业的人士对数字图书馆的认识和理解不同而产生不同的数字图书馆的概念。比如，朱强先生曾指出，对于数字图书馆通常有两种理解：广义的理解是指数字信息的资料库，多被计算机界的人士接受；狭义的理解是数字化的图书馆，多被图书馆界的人士接受。

图书情报界引入数字图书馆这一概念后，随即开始了对它的广泛研究和实验，但这种认识的多样性的状况并没有因此而得到根本的改变。受最初研究的影响，即使是图书情报界的研究，也往往局限于信息系统、信息处理技术、网络传输、资源共享等特征的描述，使大多数研究一直游离于数字图书馆的本质属性之外。比如，把数字图书馆研究工程技术化，把它看作是一些具体的技术；或把它虚无化、神秘化，认为它是因特网环境下存在的一种信息环境，而没有了实实在在的内容。

二、数字图书馆的几种典型定义及其分析

目前，国内外图书情报界的研究者已开始从图书馆学的角

度来描述、定义数字图书馆。代表性的观点有：

定义一：数字图书馆指拥有电子文献并提供相应服务的图书馆，它是传统图书馆在信息社会中的逻辑延伸和扩展。

定义二：数字图书馆是"保存数字格式存储的电子文献并通过计算机和网络传递所藏的数字化信息，同时对网上信息进行虚拟链接并提供服务的信息机构"。

定义三：数字图书馆是"表示以数字形式存储和处理信息，通过计算机等高科技技术进行服务的图书馆"。

定义四：所谓数字图书馆就是对各种有价值的信息，包括网上电子信息和多媒体信息等进行收集、整理和规范性加工，以标准化方式进行保存、维护和管理，以计算机可读形式提供各种信息的检索与传播，并提供在广域网上跨库连接的电子存取服务。

定义五：数字图书馆是在网络环境下，利用数字化技术手段，使用规范化的方法，整理、加工信息资源，供用户使用的机构。

定义六：数字图书馆是经过组织的数字化信息集合，将图书馆与档案馆通常开展的信息构建和搜索工作与通过计算机所实现的数字化描述融为一体。

定义七：数字图书馆是经过处理的信息集合，并提供相关的服务，其信息以数字形式存储，通过网络存取。

定义八：数字图书馆是通过电子、数字手段直接或间接组织和展示信息对象，并支持用户处理信息对象的服务系统和信息对象集合。

上述各种定义都是把数字图书馆作为"图书馆"的一种类型而加以表述的，但是侧重点却各不相同。其中，定义一把数字图书馆看成是传统图书馆的一种逻辑延伸和扩展，无疑是正确的。但它把数字图书馆的特征规定为"拥有电子文献并提供相应服务"，又有些过于宽泛。试想，如果一个图书馆购买了几套光盘数据库为读者提供文献检索服务，那么，依据定义一，这个图书馆就可以称作数字图书馆了。这显然是不合理的。定义二和定义三都突出了数字图书馆"以数字形式存储信息""服务"以及"信息机构（图书馆）"这几个特征，似乎最能接近数字图书馆的本质属性，但它没能进一步概括出数字图书馆的功能和性质。同时，它们又都强调通过技术来实现这种服务，实际上是以工具作为特征，所以这样的定义也不是太准确。定义四和定义五则强调了网络环境及信息收集、整理、加工、传播的全过程，但同样没有指明数字图书馆的社会属性、本质特征等内容，而且表述过于烦琐，显然也不是科学的定义。定义六、定义七和定义八都是外国学者给出的，它们都强调数字图书馆是一种"数字信息集合"，其他特征或突出"信息组织"，或突出"网络存取"，或突出"服务系统"，显然是对数字图书馆的特征概括不全面，表述不严谨，很难成为人们所普遍接受的准确定义。

三、数字图书馆的定义研究

应该如何确定数字图书馆的定义呢？我们知道，DLI开始之时，名称的使用可以有多种选择。但为什么没有选用"数据仓库""信息网络""信息系统"等为工程技术领域所普遍接受的称谓，而唯独使用"图书馆"这一词汇？这是DLI的组织者们经过了一番考虑的。他们不一定是像后来的研究者指出的那样，是为未来的图书馆设计一种新模式，但可以肯定他们所组织的研究项目最终目标是像现在的图书馆那样进行信息的收集、组织和传播，并为人们充分利用信息提供尽可能多的帮助。现在所研究的各项技术，都是为实现这一目标所做的必要的准备，是达到上述目标所采用的技术方法和手段。可以说，从工程技术的角度去研究、定义数字图书馆，其实是舍本逐末，结果只能使数字图书馆的研究偏离正确的方向。

正确的方法应该从"数字化"和"图书馆"这两个基本特征出发，进而揭示它的功用、社会属性等内容，从多个角度共同加以描述，才能概括出一个全面、准确的科学定义。所谓"数字化"这个特征，是指数字图书馆中所处理的信息，都以数字化形式而存在，不论它们的内容是文本、图像还是音频、视频。以处理数字化信息为主是数字图书馆区别于传统图书馆的根本特征。所谓"图书馆"这个特征，是指数字图书馆是"图书馆"众多类型中的一种，具备图书馆的功能和属性。

在众多的数字图书馆定义中，我们一般趋向于这种解释：数字图书馆是指"具有丰富内容的多种媒体的数字化信息，具有网络环境下多种电子技术工具和服务手段，能为读者提供高效、方便的数字化信息服务机构"。用一个公式来表示，那就是：数字图书馆＝丰富的数字化信息＋先进的技术手段＋高效的信息服务。在上述这个定义中，概括起来包括了三个方面的内容：数字化、网络化和先进的服务手段。数字化是指数字化信息和信息载体，网络化是针对信息通道而言，而先进的服务手段是直接连接图书馆与读者的桥梁，并最终使数字图书馆有所用、有所为。相对于传统图书馆来说，它们都是全新的概念。传统图书馆收藏的是文献信息，其载体是印刷品、缩微品；而数字图书馆中，文字、图像都转化成"0""1"这样的数字，其载体是存贮量很大的光盘。网络化方面，传统图书馆也是一片空白，传统图书馆的信息通道是流通部，它受时间、空间、数量、图书馆界限的限制；数字图书馆则是网络，只要个人或单位拥有计算机并与网络连接，就可自由地利用网络资源。至于服务手段，传统图书馆先是完完全全的手工操作，其后发展到计算机管理的图书馆自动化，而数字图书馆则不同。按照"每本书均有其读者，每位读者均有其书"的理论来对数字图书馆与传统图书馆进行比较就可发现数字图书馆具有无可比拟的优越性。首先，"书"的概念在数字图书馆与传统图书馆中的含义是不同的，前者指数字化信息中心载体，后者指传统的印刷品（也包含一部分缩微品）。关于"每本书均有其读者"，在传统图书馆环境下，一本书在特定时间内只能满足一位读者需要；而在数字图书馆环境下，一本"书"在特定时间内，理论上可以满足只要拥有计算机和网络的多个读者需要。其次，"每位读者均有其书"，这对于传统图书馆似乎是一个苛刻的要求，读者何其多，而书何其贵，这就形成了一对矛盾。于是对读者做一个界定，是特定的读者群体；每个图书馆只能满足特定的读者群体，而数字图书馆则不然，来者不拒，而且能保证读者满意而归。当然，这并不是宣扬数字图书馆是如何的大而全，其实这也是不可能的。随着知识的重要性的增加，读者群体也越来越庞大，单个的图书馆是无法满足其日益增加的需要的，但只要拥有计算机和网络，在这个图书馆满足不了的要求，在其他"图书馆"却能够得到满足（通过网络，利用网上的信息资源），真正达到资源共享（这也就是虚拟图书馆的概念）。虽然数字图书馆具有明显的优越性，但也具有局限性和脆弱性，毕竟数字图书馆是一种发展趋势，是一股潮流。

从前面的定义中，我们可以看出：

(1) 数字图书馆的工作对象——数字化信息，它是数字图书馆存在的基础，数字图书馆的一切活动都是围绕着它进行的。

(2) 数字图书馆的工作内容和社会功能是引导、搜集、保存、整理和传播数字化信息，其中应当着重说明的是引导和保存两项内容。数字图书馆是开放的环境，可以充分地实现资源共享，对本馆的用户而言，可以利用其他数字图书馆中的信息。对其他数字图书馆中的那些信息而言，并没有必要都拷贝到本馆的服务器上。本数字图书馆应当做的工作，仅仅是给用户指明那些信息的方位，引导用户利用那些信息。这就是数字图书馆的引导功能。网络环境是一个完全开放的信息系统，并且信息随时都处于变化之中，即使是有利用价值的信息也随时有可能被更新。针对一些有用的信息，数字图书馆要及时把它们保存到本馆的信息库中，这就是数字图书馆的保存功能，这个功能将数字图书馆与因特网上那些普通网站区别开来了。现在，有些人只看到了数字图书馆的网络环境和资源共享，而忽视了它的保存功能，是非常错误的。

(3) 数字图书馆的根本目的是向社会提供信息服务。

(4) 数字图书馆的社会属性是信息中介机构。与传统图书馆一样，无论技术多么先进，服务功能多么完善，在社会大环境中，数字图书馆的属性仍然是一种信息中介部门，仍然担负着信息的组织和传递的社会职能，这一点永远不会改变。

第三节 数字图书馆的特征、结构、功能与要素

一、数字图书馆的基本特征

数字图书馆的信息资源数字化,并具有一定规模。它不仅包括书目、索引、文摘等二次文献(获得文献的线索),更重要的是它将传统的纸质型一次文献转化为计算机能识别的数字化信息。

高速的数字通信网络是数字图书馆的存在基础,数字图书馆信息资源依附于网络而存在,其对内的业务组织和对外的服务都必须以网络为载体。

分布式管理是数字图书馆信息发展的高级阶段,它意味着全球数字图书馆遵循统一的访问协议之后,可以实现"联邦检索"。

二、数字图书馆的结构

IBM 公司在 1996 年推出了基于 Aix 平台的数字图书馆解决方案,1997 年又推出了适应 NT 平台的数字图书馆解决方案。IBM 数字图书馆系统是世界上第一个也是目前唯一的商用数字图书馆软件,其结构是三层结构 C/S,由客户、图书馆服务器、对象服务器构成信息传递的三角形架构,即"客户—图书馆—信息源"的三角形式,类似于传统图书馆的"读者—目录—书库"的三点结构。其中图书馆服务器的作用是管理数据(或目录)的索引和查询,对象服务器管理(或收集)数字化的对象(文章、图片、录音、录像等各种载体形态的数字信息)是信息源,可由图书馆设立,也可由任何社会信息部门设立,它们与读者

构成三角形架构。读者通过广域网发出查询请求,经 Web 服务器处理后传递给图书馆服务器,图书馆服务器将查询结果通知对象服务器,并由对象服务器取出最终结果传给读者,实现数字图书馆对象数据的发布。

三、数字图书馆的功能

数字图书馆主要有以下功能:

信息获取和信息数字化是数字图书馆首要的功能,它将存储在物理介质上的图、文、声、像等信息转化为数字信息。

典型的信息存储和管理模型是采用三角形的客户机/服务器模型,图书馆服务器用于管理数据(或目录)的索引和查询,而对象服务器则用于管理(或收集)数字化的对象。

对数字图书馆除了提供对信息资源进行属性检索、提供文本搜索等功能外,还需提供先进的基于数字化图像、影像或声音内容的查询技术。如 IBM 数字图书馆方案中的 QBIC(Query By Image Content)系统,提供了检索静止图像和视频信号的手段。

数字化信息的发布是基于面向对象机制的,信息资源的拥有者可以选择多种方式进行信息分布。相对于目前网络的处理能力来说,数字化的信息对象(如图像、声音、活动影像等)数据量较大,我们必须依靠高速网络技术如 ATM 及宽带综合数字网(B-ISON)进行多媒体数字信息的分发。

网络访问和存取数字化信息,需要有效的权限管理来保护信息所有者的利益,并用适当的技术确保版权人的资源不被滥用。因此,数字图书馆的信息安全和权益管理解决方案必须均衡系统的安全性和系统的可用性。

四、数字图书馆的构成要素

一般来讲,数字图书馆应由以下要素构成:

(1)数字化信息库。如前所述,它是数字图书馆存在的基础。

(2)计算机、网络设备等硬件设施。它们是收集、保存、整理、传播数字化信息的必备工具。没有这些工具,针对数字化信息的各种操作都将无法进行,信息服务的功能也就无法实现。

(3)信息处理的方法、标准、协议等软件设施。它们是数字图书馆正常运作并充分发挥作用的保障,其作用与传统图书馆中的分类法、著录规则、目录组织法等基本相同。

(4)用户。这是数字图书馆的价值所在,如果没有用户,数字图书馆就失去了存在的意义。

(5)工作人员。即使自动化程度再高,数字图书馆也需要工作人员来管理,并且在所有的构成要素中,工作人员所处的位置最为突出,所发挥的作用也最为重要。

第四节　数字图书馆的发展

人类自有文明史以来,图书馆就与人类文明的进程相伴而生,它是人类文明的标志。从图书馆自身的现代化发展过程来看,图书馆由传统型向现代化迈进的过程中,可分三个层次或阶段:一是自动化管理阶段,主要是替换原有手工工作和业务流程,加强管理,提高工作效率,处理的信息内容为书目信息和管理信息。二是单体的数字化图书馆阶段,即某一图书馆将所有的文献信息实行集成管理,深入到文献的内容级次。处理的信息已不仅仅是书目，还可以是图像、全文、动画、录音、音乐、电影等多媒体信息。这些信息都是经数字转换处理过的。读者在家通过网络计算机就可以读报、看书、欣赏音乐。三是联合数字图书馆，或称全球一个图书馆。它是通过网络将各个分离的数字图书馆连接起来，提供统一规范、协调有序的信息查阅服务。读者不必知道哪些图书馆有或哪些图书馆没有什么资料，只要提出需求，由联合数字图书馆系统自动完成查找和资料调阅，读者感受到的好像是一个图书馆。

目前，世界上先进的图书馆已经完成第一阶段，正加紧迈入第二阶段，即进行大容量、多媒体信息处理平台建设和信息资源的数字化转换工作。在国外，数字图书馆从实现技术到工作内容的各个方面，都受到政府、学界人士的关注与支持。美国高层技术委员会——信息基础设施技术和应用研究组还组织全美有关的科研管理部门、大学研究机构、主要数据源单位出版集团、国会图书馆等召开专门的数字化图书馆研讨会，会议指出："数字化图书馆为国家信息基础设施提供关键性的信息管理技术，同时提供主要的信息库和资源库。也就是说，数字化图书馆是国家信息基础设施的核心。"各国还将第三阶段目标作为研究课题，集中攻关。如美国国家科学基金会资助加州大学伯克利分校、斯坦福大学等六所知名学校的数字化图书馆研究项目，日本的阿拉丁数字图书馆项目，法国的文化遗产数字化项目等。

数字图书馆是图书馆发展的高级阶段，是图书馆自动化发展的新阶段。数字图书馆是对现有图书馆系统的全方位发展和超越，代表着图书馆的未来。数字图书馆在不同的发展阶段可以也应该具有不同的表现形态，它应该是渐进的，而不应该是静态的、单一的。因而，在满足数字图书馆基本功能和特征的基础上，可以也应该有多种形式的数字图书馆：既可以有单馆的，也可以是多馆联合的；既可以有规模较小但有特色的，也可以有规模较大且内容丰富的；既可以是原有图书情报行业的，也可以是其他行业或系统创建的。数字图书馆是图书馆的发展方向，已经在图书情报界成为共识，方向是明确的。但对其具有的多级目标形态却有众多的看法，差异较大。其实，数字图书馆不论从技术研发上还是信息资源建设上以及社会环境上，都需要有一个不断完善和发展的过程，不是一朝一夕所能完成的。针对目标的多级次，数字图书馆可以划分为不同的阶段，在不同阶段可以有侧重、有选择地进行研究与实践。根据国情，目前我国总体上仍处于自动化发展的第二阶段，需要也必须有大量的单体数字图书馆存在，并为第三阶段建立必需的物质基础。当然，进行个体的数字图书馆建设，也必须依托已有的互联共享的标准和规范。强求单一的数字图书馆模式是不现实的，也不利于图书情报行业转型和发展。

近年来，中国在建设数字图书馆的进程中也迈出了可喜的步伐。1996年5月，国家图书馆提出了中国试验型数字式图书馆项目，经文化部组织与协调，上报国家计委，并于1997年获得批准立项，成为国家重点科技项目。项目以国家图书馆为组长单位，有上海图书馆、辽宁省图书馆、南京图书馆、广东省中山图书馆和深圳图书馆等参加。2000年4月，文化部在国家图书馆主持召开了"中国数字图书馆工程第一次联席会议"，标志着筹备几年的中国数字图书馆工程正式启动，并确立了"统筹规划、需求牵引、科技创新、滚动发展"的数字图书馆资源建设的指导思想，以及公益性为主、资源建设为核心、统一标准规范、开放建设与利益共享、开发与引进相结合等建设原则。按照这一指导思想和原则，中国数字图书馆将建成中华文化史资料库、中华人民共和国国史资源库、中共党史资源库、中国国情资源库、中国教育资源库、中国图书馆馆藏珍品资源库等。目前，中国的数字图书馆建设工作通过几年来的艰苦努力，已建成具有较大规模和实用特色的数据资源群体。国家图书馆自1998年开始，开发了数字图书馆的试验系统，组建了文献资源数字化加工系统，目前已达到了6000万页全文和600万条书目数据的规模，在网上为读者提供服务。2000年6月，由科学院图书馆、工程技术图书馆、中国农业科学院图书馆、中国医学科学图书馆联合组建的国家科技图书文献中心正式成立，按理、工、农、医四大支柱进行信息资源建设，并提出了"足不出户，获取原文，方便师生，服务社会"的口号。目前资源建设工作已形成了相当的规模，并已开始在网上提供服务。清华大学已建成具有中文全文检索功能的"中国高校学位论文联机服务系统"，读者可在全国15所联网高校和因特网上进行信息查询。此外，许多图书馆还根据当地文献收藏的特点，建立了具有一定特色的资源数据库，如上海图书馆的家谱图书馆、河北大学图书馆的家谱收藏、广东省石阡县的陶瓷图书馆、上海图书馆与西南信息中心联合开发的外文期刊数据库、山东省图书馆的易经收藏、甘肃省图书馆馆藏西北地方文献、宁夏回族自治区图书馆的宁夏地方文献以及回族和伊斯兰教文献的收藏、深圳市的时装图书馆、浙江绍兴市的鲁迅图书馆、湖南韶山市的毛泽东图书馆、江苏镇江市图书馆的龙学资料中心和宜兴市的紫砂图书馆、山东曲阜市的孔子图书馆和曲阜师范大学图书馆的儒学文献资料中心等。

第五节　数字图书馆的管理内涵

数字图书馆是知识经济时代的新生事物,数字图书馆的管理在某种意义上就是知识管理,它主要包括以下几个方面:

一、数字图书馆的知识生产管理

数字图书馆的知识生产管理是对知识数字化存储、信息化加工、网络化传递过程的管理,这个过程主要包括传统馆藏文献的数字化加工和网络信息资源的开发利用。

(一)传统馆藏文献的数据库生产

为了使图书馆已有的知识更好地为人们所共享,并更快地传递到需要的地方,有必要对传统馆藏精品内容进行数字化再生产和深加工,建立起具有高价值和本馆特色的数据库系统。数字图书馆的数据库生产应该遵循技术能力和社会需求优先的原则,先易后难,从小到大,宏观有序,避免重复建设。

(二)网络信息资源的开发和再生产

网络信息资源以其时效性强而受到信息用户的青睐,但目前网络上中文搜索引擎在功能设计和信息开发方面还存在一些问题,导致网络信息检索的查准率、查全率不高,易用性和专业性欠佳。因此,图书馆应该运用其传统管理方法和手段对网络信息资源进行再加工,形成网上二次信息和三次信息,以帮助其局域网内用户更好、更方便地利用网络信息。

(三)网络信息资源生产的本质

网络信息资源的生产是人类精神产品的生产,它为人们提供理论观点、科学知识、行为规范、价值取向、行动决策以及对未来的预测等。在网络环境下的信息生产，它主要有原创信息生产和数字化信息资源生产两种类型。由于网络信息生产和传递的自由度非常高，它突破了传统信息管理的范畴。此外，网络信息系统管理、信息下载与获取、网络互联、信息利用等强大的技术力量，为网络信息资源的生产、发布、查询、处理、加工提供了便利。

二、数字图书馆的知识组织管理

数字图书馆的知识组织管理，是通过建立有效的组织管理体系来支持与控制数字图书馆建设中的知识管理活动。这个组织管理体系的关键是以下两个方面：

(一)"知识主管"(馆长)的职责与素质

"知识主管"必须由熟悉图书馆业务和技术的复合型人员担任，其职责涉及业务、技术和管理三个领域。具体来说就是：了解社会知识需求，制定数字图书馆知识管理政策和发展战略；领导、组织信息技术条件下数字图书馆的知识创新；对各业务部门的知识目标进行管理和考核；树立机构形象，开展馆际交流、学术交流等。成功的"知识主管"必须具备以下素质：持续学习的心智欲望和获取知识、创新知识的能力；善于通过学习和交流，紧跟充满活力的技术发展的步伐；具有丰富的图书馆学知识，了解并熟悉业务流程；富有远见和魅力；能实施高效的管理；善于沟通，有良好的人际关系。

(二)图书馆业务流程重组

一方面，根植于手工作业环境的传统图书馆的组织结构已成为数字图书馆发展的障碍；另一方面，计算机和网络技术的发展，要求图书馆变革传统的组织结构，以提高工作效率。正是在这种背景下，图书馆业务流程重组被提上了议事日程。图书馆业务流程重组的核心思想，是把原来以职能分工的运作体系改变为以作业流程为基础的组织形式，强调工作设计的整体化，改变等级制的直线式组织结构，使组织结构扁平化，从而达到减少管理层次和重复作业、提高工作效率的目的。

三、数字图书馆的知识营销管理

数字图书馆的知识营销管理是对知识产品的生产、定价与销售全过程的管理。数字图书馆兼有公益服务和商业服务两方面的职能，它的知识营销管理包括以下几个方面：

（一）知识产品的市场细分

知识经济时代，人们对信息商品提出了高质量、高时效性和个人化的要求，范围也从科技领域扩展到工作、生活的方方面面。而因特网的实时、快捷、交互性和知识资源的无限性可以最大限度地满足人们对知识的消费需求，从而实现对知识的追求和创新。从诞生之日起，数字图书馆就注定要实行个人化定制营销。数字图书馆的收藏范围一经确定，其商业服务的市场细分也随之确定：每一个知识用户的不同需求都是数字图书馆的目标市场。

（二）知识产品的定价策略

知识营销管理理论将依据"知识价值论"而非劳动价值论来定义知识商品的价格。这种"知识价值论"强调必须在观念上将知识视为一种经济资源、一种财富，强调依靠知识性劳动来创造价值。一方面，知识经济的发展极大地加速了新知识的商品化、市场化、产业化过程，促进了知识价值的提升；另一方面，信息技术的发展又极大地提高了知识储存、检索、传输、扩散的速度，降低了生产成本。这就给数字图书馆的知识商品定价提供了较大的自由浮动空间。

(三) 知识产品的销售渠道和促销方式

应改变传统营销的分销模式，利用先进的电子商务手段进行知识营销。这样，既可以减少因中间环节过多而造成的销售成本增加，更能满足消费者对知识产品快速传递的要求。在促销方式上，除传统企业广泛采用的促销手段外，数字图书馆更需要利用互联网开展广告促销宣传。这样既可以大量降低促销成本，又可以扩大促销效果，还可以在可视图文下与读者进行一对一的交流，沟通和协调与用户的关系，这是数字图书馆特有的网络公关促销方式。

四、数字图书馆的人力资源管理

数字图书馆的人力资源管理是其管理的核心部分，人力资源管理中的学习管理和人性管理更是重中之重。

(一) 人力资源的学习管理

人力资源管理的中心是学习过程，数字图书馆馆员应该成为独立的终身学习的人，让知识学习和能力培养贯穿整个职业生涯。其学习管理可参照如下办法进行：在战略规划形成和岗位职责制定的早期阶段，把学习新知识、新技能的有关条款写进去，明确学习目的和责任；定期制订学习计划并总结学习过程；建立推动学习的组织计划，以创造有利于学习的氛围；举办各种培训活动，为学习创造更好的环境；运用奖励手段刺激和支持学习过程。

(二)人力资源的人性管理

知识管理是以人为本的管理,即对人的个性的管理。在这种人性管理中,控制机制将向"无为而治"转化,实施"模糊控制",强调营造宽松的环境,以使每个部门和员工自主地发挥自身的能动性与创造性。作为知识经济时代知识的创造者和传递者的数字图书馆,尤其要尊重人的价值,重视人的发展,实现人力资源的人性化管理。

第二章

数字图书馆的资源管理研究

图书馆的电子资源是高等学校教学、科研的重要组成部分，同时也是目前高校图书馆服务工作中的重要内容之一。电子资源的简单表述就是图书馆利用计算机和网络技术能够为读者提供的信息资源。其中包括了电子期刊、电子图书、光盘数据库、联机数据库、网络数据库以及Internet信息资源等多种形式。高校图书馆如何加强电子资源建设和利用，为教学、科研提供良好的电子资源环境，开阔师生的视野、拓宽创新思路将是图书馆面临的一个新课题。

一、电子资源及其特点

所谓电子信息资源是指数字信息资源，即通过计算机等以数字信号（也称二进制信号）来传递使用的信息资源。电子信息资源概括地讲有三种类型：国际互联网资源、电子出版物、各馆自建的数据库。国际互联网资源因其开放性，资源非常丰富；电子出版物常见的有全文数据库、电子期刊、电子图书、电子报纸、软件等；各馆自建的数据库是图书馆根据读者需求，利用馆藏文献而建立的数据库，如馆藏书目数据库、学位论文数据库、地方文献数据库等。

电子信息资源与传统印刷型信息资源相比，具有以下特点：一是易获取性。电子信息资源不受时空限制，读者在任何时间、任何地点均可借助网络获取信息资源。二是资源共享性。传统文献如一本书或一本刊物，同一时刻只能供一个读者使用，但电子资源在同一时刻可供多个读者同时使用，解决了读者多、复本少之间的矛盾。三是资源更新速度快。电子信息资源没有印刷型文献的印刷、装订、运输等烦冗环节，更新周期短，传递快捷。四是资源的表现形式多样。电子信息资源可通过多媒体技术，将文字、图像、声音等组合为一体，给读者提供丰富多彩、形象逼真，能闻其声、见其形的信息。五是检索功能强大、便于利用。利用强大的检索软件，可实现跨库检索，不同类型的信息库一次检索完成。

二、电子资源在高校中的作用

电子资源在短短的几年内，由于它的方便、快捷及多样的特点很快获得高校广大师生的青睐，它在高校的教学、科研等活动中发挥了重要作用。

（一）扩大了广大师生的知识来源

现代信息技术的迅猛发展和越来越广泛的应用，使传统的教学内容和教学手段都发生了深刻的变化。高校馆藏电子信息资源的利用，丰富和扩展了教育的内容，从而为开阔学生视野，启迪学生思维，提高教学质量创造了有利条件。高校全面普及推广学分制，教师和学生对图书馆所拥有的信息"质与量"有了更高的要求，这就要求图书馆提供更多、更丰富、更高层次的教学资料，为教师开设选修课、学生学习和选修课程提供文献保障，馆藏电子信息资源为满足这一需求提供了一定的文献保障。

（二）提高了科研、教学的效率

电子信息资源的引进，使师生足不出户就可以通过访问图书馆网站查阅自己所需的文献资料，可实时跟踪了解学科发展的前沿。以往教师从事科研工作、学生撰写毕业论文，最伤脑筋的是课题前期的资料检索。现在借助计算机，也许仅需几分钟就能从海量的信息源中检索到所需的文献，为读者学习研究提供了极大的方便。

第一节 电子图书资源的管理

现阶段，随着我国经济的发展和信息技术的进步，电子图书馆逐渐地兴起和发展起来，它已然成了图书馆进行现代化建设的主要举措。当前，图书馆工作者应该重视图书馆电子图书资源建设。

与传统的图书馆图书资源相对照，在新的形势和技术条件下，电子图书资源在图书馆的图书资源中起到了越来越重要的作用，所以要仔细地探究图书馆电子图书资源建设的合理性和有效性，给读者提供更为丰富的图书资源。

一、电子图书馆的资源特点

相比于院校的实体图书馆，依托现代化技术来开展的电子图书馆具有多种特点。比如说，传统的院校的实体图书馆是以书籍展览的形式来为读者提供服务的，也就是读者需要亲自去图书馆看书或者是借阅书籍，但是电子图书资源就将这种实体图书有效地进行了网络的整合，读者在网络上就可以查到自己想要的图书资源。这是因为，电子图书馆的建设是以网络媒介为基本的方式来为读者提供远程服务的，其信息贮存的方式也与院校的实体图书馆不同，电子图书馆是以实体馆藏和虚拟馆藏两种形式为主，主要是以光盘作为载体，可以向读者提供远程服务。

院校图书资源检索效率高。在院校中，实体图书馆中拥有很多的图书资源，包含着技术类、艺术类、小说、散文等各个种类的书籍。学生想要在实体图书馆中搜索到自己想要的书籍，需要通过电子搜索关键词或者是图书作者的形式，这样检索出来的结果只是这本书在所有书籍中的编码，具体在哪一个分支的图书馆中，或者是在图书馆的哪一个具体的位置，还需要自己去实地查找。这种实体图书馆在图书的检索中存在着很大的问题，有时候即便找到了图书的编码，但是在实际的查找中仍找不到具体的书籍，或者书籍已被借阅了，但是图书管理员并没有在电脑上进行操作记录，这就给实体图书的检索带来了不便。但是，建设电子图书馆，利用信息化、网络化以及数字化等先进的技术成果，将图书信息资源按照其本身的逻辑关系，或者是一定的序列关系，将图书资源整合成电子图书资源，形成一定的相互联系的网络，为读者提供更多的图书资源，方便读者浏览和阅读。而且，通过电子图书馆的建设，电子图书资源通过一定的方式组合起来，读者在网络上输入关键词或者是别的方式，就可以快速地查阅到自己所要检索的信息，直接按照搜索出来的结果点进去，就可以看到自己想要的图书资源，大大提高信息检索的效率，为读者带来便利。

电子图书资源利用不受限制。电子图书馆的建设，在一定程度上是对职业技术院校的实体图书馆的升华，因为电子图书馆是依靠网络计算机技术来建设的。这种图书资源的收集、管理和查阅并不受时间、空间和地点的限制，可以随时随地进行，读者可以在任意时间搜索自己想要的图书资源。而且，现在网络资源建设的逐步精进，网站也变得更加丰富多样，读者可以实现一站式的浏览、检索以及套录。通过这样的方式可以给读者提供极大的便利，节省读者的时间和精力。而且，通过电子图书馆的建设，可以在很大程度上节省建设的成本和时间，尽可能地实现资源共享，方便读者获得更多的图书资源。

功能的多样性。电子图书馆的建立和完善，是依托现代化技术手段来进行的，在建设的过程中，可以有效地将图书馆的图书资源进行整合。对于一些比较珍贵的图书资源，为了保证图书的安全性和完整性，以往可能不容易展现给所有的读者观看，这就造成了一些读者的遗憾。但是通过电子图书馆的建设，可以很好地解决这一问题，所有的图书资源在电子图书馆上都可以查询到，只要输入相关的关键词，就可以在网络上对某些图书进行阅读。而且，在现代化技术手段之下，可以有效地将图书馆图书资源的文本、图像、声音、视频等多种功能有效地结合在一起，形成一种立体的空间展示，让读者在观看图书的同时，可以更好地通过声音、视频来辅助阅读。通过利用现代化的信息技术，将各种信息资源与多媒体技术相整合，有利于图书馆图书资源的建设和管理，减少了传统图书资源管理的工作量，并且使得图书的收藏更为便利和快捷。这种电子图书资源的多功能性，是传统图书馆图书资源所不具备的。

二、院校图书馆电子图书资源建设的策略

（一）优化传统图书资源与电子图书资源间的关系

在进行电子图书馆的建设时，要全面地考虑到院校的实体图书馆的图书呈现方式以及彼此之间的联系，将电子图书馆的图书资源实现更好的优化和组合。电子图书馆的建设是离不开院校的实体图书馆的，它需要在院校的实体图书馆的实际情况的基础上进行建设。电子图书馆建设发展的日益完善，更需要借鉴院校的实体图书馆的有效价值来丰富自身，更好地实现电

子图书资源的丰富化。

(二)电子图书资源运用模式

电子图书资源在建设时通常会采用两种基本模式来进行，一种是远程访问模式，一种是镜像站点模式。远程访问模式具有服务方便、运行稳定、无须技术管理维护、耗费少的特点，是指为了保护图书的版权，从而对访问权限进行一定限制的方式。镜像站点模式是指为限制范围内的 IP 地址内的读者提供服务，它具有可扩充、便于利用和管理的优点。通过这样的方式，可以更好地为读者提供服务。

(三)电子图书资源采购

在电子图书资源的采购方面，需要注意以下几点问题。首先，电子图书资源的采购方式，与院校的实体图书馆图书资源的采购方式有相同之处，还要结合网络技术的相关特点，在图书资源的采购时尽可能地做到覆盖面广、专业知识系统精湛、图书质量优等、学科跨度大，实现图书资源的丰富性和有效性。其次，电子图书资源的采购，必须要建立一定的相关的采购组织和机构，专门地负责电子图书的采购工作。在进行采购时，要注意听取专家以及读者的相关建议，综合地考虑读者的看法和意见，对用户的需求进行综合的考量，这是非常重要的一个环节，是不可或缺的。同时，还要调动电子图书采购员工的积极性和主动性，尽可能地满足用户的需求，更好地建设电子图书馆，丰富电子图书资源。

三、院校电子图书馆的未来发展前景

电子图书馆的建设已然成了一种必然的发展趋势，要不断地在各个院校中开展电子图书馆的建设，将更多的实体图书馆的馆藏资源进行网络建设，方便学生在网络上更好地了解和掌握学校的图书资源，可以不受时间以及空间的限制，随时随地查阅书籍，提高学生的学识和图书浏览量，为学生更好地发展服务。因此，未来电子图书馆的建设是大势所趋。

电子图书资源建设是电子图书馆建设中的重要组成部分，随着信息资源在图书馆建设中的广泛应用，越来越多的图书馆图书资源开始被转化成电子图书资源。电子图书资源有利于读者更好地掌握图书资源，随时随地查阅自己想要了解的图书信息，让读者可以足不出户地体验院校的实体图书馆可以获取的图书资源。因此，要注意电子图书资源建设，更好地实现图书的电子资源化。

第二节　对电子文献资源建设的思考

电子文献资源很大程度上丰富了图书馆馆藏，随着信息时代的到来，电子文献资源的建设已经越来越受到图书馆的重视，如建设馆藏书目信息一体化系统等。但是要看到电子文献资源虽然已经得到了很大的发展，但在建设中依然存在一些问题，必须重视这些问题，并积极寻求解决的途径，让电子文献资源真正成为图书馆馆藏的一支生力军。本节主要对图书馆电子文献资源建设中存在的问题及策略浅谈一些思考。

随着计算机技术的飞速发展，电子文献资源已然成为图书馆资源的重要组成部分，其地位也日益凸显，电子文献资源的建设对图书馆的发展起到了巨大的推动作用，但它在发展的同时又存在一些问题，需要我们加以重视，这样才能更好地建设电子文献资源,让电子文献资源变得更加经济、有效,让电子文献资源最大限度满足读者的需要。

一、图书馆电子文献资源建设中存在的问题

(一)读者需求不够强烈

网络是近些年迅速发展起来的,在没有网络的时代不管是学习知识还是获得技能几乎都是来源于纸质文献,我们对网络的认识还仅限于娱乐,而借助网络去学习的仍是少数。因此,当读者进入电子阅览室的时候多数人仍是以娱乐为主,在网上获取知识的人是少之又少,更多的人认为要学习只需要借书回去学习就可以,这就导致电子文献资源的真正意义被忽视。

(二)网络条件跟不上需求

虽然图书馆网络建设已经形成了一定的规模,但是随着教育大众化的不断发展,人们对电子资源需求越来越多,然而实际中仍是空间覆盖面较少,无法满足一些读者对文献的大量需求。因此,网络硬件平台建设直接影响着电子文献资源的建设。

(三)存在盲目引进的弊病

现在市场上有很多的数字信息产品,其中不乏质量低、利用率不高的资源,如果我们不能有效地去甄别这些电子资源,那么势必会影响到电子文献资源建设的质量。因此,在选择资源的时候必须遵循一定的原则,提高图书馆电子文献资源建设的质量。

(四)特色资源的开发和利用率不高

图书馆馆藏是十分丰富的,其中有很多的特色资源,如果我们把这些资源数字化岂不是电子资源建设的一条很好的途径?对这些特色资源进行深层次的开发不仅能扩大其使用的范

围,更能凸显其真正的价值,然而在实际工作中这项资源并没有得到充分的认识。很多电子文献资源建设仍是以购买为主。图书馆现有的技术、管理水平不高,使得这项建设发展缓慢,很多时候仍停留在对目录的数字化。

二、图书馆电子文献资源建设策略

(1)加大对电子文献资源的宣传,加强对读者操作技术的指导。现在图书馆电子文献资源很丰富,但是由于很多读者对电子文献资源的认知不足,使得电子文献资源利用率普遍偏低。此外数据库的功能和检索方法也存在着差异,如果不对读者加以操作技术的指导,很多读者是不能完全对电子文献资源进行利用的。因此,要加强电子文献资源的建设离不开宣传和技术的指导。

(2)逐渐完善网络基础设施。计算机网络是现代化信息服务的根基,图书馆电子文献资源是依赖网络存在的,如网页制作与维护、宣传与推广、资源利用的培训等,这些都需要依靠网络来实现,所以要扩大电子文献资源的利用率就必须完善网络基础建设,为其利用和开发提供保障。

三、电子文献资源的选择要遵循一定的原则

(一)针对性

根据图书馆的性质有针对性地选择电子文献资源,尽可能地覆盖所包含的内容。

(二)实用性

针对图书馆的经济状况和配备设施,电子文献资源的选择要实用,尽量选择一些性价比较高的电子文献资源。

(三)协作性

电子文献最大的优势就是解决了文献数据传递空间和时间上的障碍。所以每个图书馆都要具有识整体、顾大局的意识,在文献的搜集和选择上实现分工协作、资源共享。

四、建设特色电子文献

对图书馆特色馆藏进行数字化建设是电子文献资源建设的重要组成部分。图书馆要积极地建设特色电子文献资源,积极培养和引进专业人才建设富有本馆特色的电子文献资源,也可以进行馆与馆互借、馆与馆互相合作开发,让资源更好地发挥作用。

五、开放网络免费资源

网络上有很多免费的资源,有些资源的质量很高,并且获取的途径也很方便,这些都可以作为图书馆电子文献资源的收藏内容,我们要善于搜集和整理这些资源,让这些资源被充分利用起来。总之,电子文献资源的建设是一项长期而复杂的工作,在未来的建设中我们仍会面临很多的问题。因此,我们要不断地提高对电子文献资源建设的认识,不断地改进,只有这样才能让图书馆电子文献资源的建设充满生机,不断吸引广大读者,从而让电子文献资源发挥出它的功用,让其更好地服务于社会,服务于读者。

第三节　图书馆电子资源的发展趋势

随着时代的进步与科学技术的发展，图书、文献、刊物等各种文件资料的载体也越来越丰富，作为公共阅览量较大的图书馆，其图书资料的管理也趋于电子信息化，越来越多的纸质资料被转化为电子资源，这种便捷的阅览方式也逐渐被大众所接受。本节就图书馆电子资源的使用现状和将来的发展趋势进行了探讨和分析，希望为图书馆电子资源的建设带来一定的帮助。

图书馆作为公共的学习场所，不仅丰富了人们的学习生活，馆里的稀有文献更是给人们带来了巨大的帮助，也是提高全民整体素质的基础性设施。随着网络时代的发展，电子信息技术渗透到人们的日常生活中，图书馆里的各种文件资料的载体也逐渐变化，变得丰富起来，从以前大量的手抄本，到后来的打印本，再到各种影音资料，直至现在电子图书资源的出现，不单是图书管理分类用到了电子信息技术，读者的借阅管理也用到了，这种图书资源载体形式是时代的产物。如何更好地运用电子信息资源，强化图书馆系统完善的资源管理模式，成了图书馆全面发展的重要实施举措。

一、图书馆电子资源的使用现状与存在的弊端

电子信息资源由于其资源载体的特殊性，被广泛地运用，这种图书资源形式不仅方便、快捷，而且不会受时间、地点等一些客观因素的影响，所以目前图书馆的电子资源的覆盖率也越来越广，大量的图书馆都建立了专门的电子阅览区域供读者

阅览。现代图书馆都在大力地建设图书馆的电子资源，从电子信息技术运用到图书管理中来开始，图书馆电子资料库的资源量也在逐渐增多，内容形式也在多样化，信息技术的发达也使这些电子资源能得到及时的更新，这种先进、便捷的阅览方式逐渐被人们所接受并推广，在很大程度上使纸质版图书的压力得到了缓解。

电子资源之所以得到大力发展和推广，其优势必然不可否认，但是这种资源载体也会存在相应的不足之处。现在的很多图书馆，包括政府公建图书馆，还有各校区所建图书馆，都会遇到这样的问题，就是电子资源库信息重复的状况，简单来说就是图书馆花了大量的钱在资源采集上，却发生资源重复的现象，没办法完善电子资源库，这是电子资源库建设过程中亟待解决的问题。

二、图书馆电子资源未来的发展趋势

图书馆的电子资源库的建设还存在很多弊端，但是随着网络技术的飞速发展，电子图书资源必将会占有举足轻重的地位。为了更好地发挥电子图书的作用，增加电子图书的阅览量，就需要采取相应的措施和推广策略，以便其更好地为读者服务。

（1）明确电子信息图书资源功能，大力推广电子资源阅读。图书馆建设的宗旨就是为人们服务，给读者以更多的读书空间，营造良好的阅览环境，不断地为读者服务，坚持改进服务内容，完善各类图书资源。电子资源的优势显而易见，图书馆在控制成本的同时，要保证资源的品质和利用率，可以采取其他的措施来节省成本，比方说图书电子资源中，购买的绝大部分比较昂贵的都是外文电子资源，可是其使用率在图书运用中并不高，图书馆可以相应减少这部分电子图书的引进，或者购入一定数量的纸质版来代替。图书馆还可以采取相应手段来进行电子图书的宣传活动，一方面普及了电子资源的使用方法，另一方面提高了读者对电子图书资源的了解率，增加读者对电子资源使用的了解。

（2）加强设备与信息技术支撑，引导读者使用电子资源。图书馆在做推广的同时，也要大力支持电子资源的建设和鼓励读者的使用。图书馆可以在力所能及的范围内，尽可能多地增设电子资源的使用设备，即电脑、网络等设备方面的支持，这也会在一定程度上增加电子图书资源的使用率，高质量的电子图书资源只有被充分地运用了，才能真正发挥出电子图书的作用。电子资源的使用过程中会有一些操作方法，读者并不是一开始就会使用，图书馆可以根据读者的情况，将电子图书平台的系统尽量简化，便于读者操作和使用。要不断改进电子系统的漏洞，完善电子图书工程的建设，优化电子阅读的网络环境，还可以在电子资源区增加一些特色板块来吸引读者眼球，让读者觉得电子版资源也相当有趣味性，更加愿意采用这种方式进行阅读和学习。

（3）完善图书馆服务内容，提高服务质量，促进整体发展。只有完善的服务水平和质量，才能保证图书馆图书资源的使用率，吸引广大读者。现在有很多图书馆在图书管理和图书查找引导方面都有所欠缺，没能做到积极的指导。在电子资源的建设过程中，一定要加强对读者的引导，对此可以设立相应的电子服务平台，同时也要设立线下服务平台，供读者提出阅览过程中产生的各种疑问。线上电子平台上，要保证解决问题的速度，有条件的可以坚持二十四小时长期有人在线，线下的平台要优化服务质量，线上、线下结合起来发展。对于年纪稍长或者年纪较小的读者来说，可能电脑的操作和使用技能并不是很好，针对这一类特殊读者群体，可以将他们组织起来，有耐心地进行电子阅览检索的相关简单操作的培训。还可以定期举办电子工具的图书检索方法的课程，让读者在学习与实践中掌握电子资源的使用方法，更好地利用电子图书，发挥它的功能，实现优质资源共享。

电子图书作为图书馆重要的资源载体形式，其发展和运用的空间十分巨大，必将为人们阅读带来很大的便利。在图书馆的全面建设中，一定要重点宣传和推广，坚持以人为本，提高服务质量，为增加电子图书资源的覆盖率和使用率不懈努力。

第三章

图书馆管理及自动化系统研究

第一节　图书馆管理概论

图书馆管理是遵循图书馆工作的客观规律,应用现代管理学的原理和方法,合理地组织图书馆活动,有效地利用图书馆的人力资源和物质资源,使其发挥最佳效率,达到预定目标的过程,并在此过程中不断审查改进,最终圆满地完成任务。

一、图书馆管理的含义

在我国,对于图书馆管理含义的认识,是随着国外管理学理论和方法的译介,以及图书馆管理实践的发展而逐渐完善起来的。在这个过程中,人们提出了许多图书馆科学管理的定义。下面是在图书馆界流行的几种说法:

第一种说法认为,"图书馆工作的自动化管理就是图书馆科学管理"。毫无疑问,图书馆是要实现自动化管理的,利用自动化手段进行图书馆业务工作的集成化管理,是图书馆工作现代化的重要特征之一。但是,图书馆管理是一个完整的概念,包括人员管理、经费管理、设施和设备管理、业务工作管理、图书馆事业管理等,绝不是"自动化管理"所能包括和代替的,因为它只是现代化技术在图书馆工作的应用问题,是图书馆管理的一个手段。

第二种说法认为,"图书馆内各个工作环节之间的高度协调一致就是图书馆科学管理"。不可否认,图书馆内各个工作环节之间的高度协调一致是图书馆达成有效管理的标志之一。但是,仅仅有了这种协调一致并不等于达成了有效的管理。这是因为管理包含了决策的过程,如果决策失误,协调一致可能会产生更大的副作用。只有在正确决策的前提下,各个工作环节之间的高度协调一致才能发挥出积极的作用。

第三种说法认为,"低耗、高效、优质的管理就是图书馆科学管理"。低耗、高效、优质,这是现代企业管理中用以衡量经营效果的三项指标,对图书馆管理有借鉴作用,但是把它作为图书馆管理的定义还不够准确。这是因为图书馆活动属于精神生产的范畴,而精神生产的社会效益往往具有潜在性和隐蔽性的特点。一些精神生产活动的经济效益是曲折地转化到物质生产部门,一些精神生产活动在短时间内往往看不出其经济效益,甚至在一定时间内只有消费而无经济效益。由于精神生产具有与物质生产不同的特点,因而评价其管理效果的指标也应具有特殊性。

第四种说法认为,"符合图书馆工作规律的管理就是图书馆科学管理"。这种说法套用了哲学中的概念来概括图书馆管理的定义,表达的含义是遵循图书馆工作的客观规律进行管理可以提高图书馆的管理水平。但这是一个缺乏操作性的定义。

第五种说法认为,"图书馆组织管理的系统化就是图书馆科学管理"。这是把系统理论应用于图书馆管理的尝试。系统理论是研究系统存在与发展机制的,把它引入图书馆管理实践中来,可以丰富图书馆管理的理论和方法。但这种定义也不够准确。

以上几种说法是从不同角度认识图书馆管理问题的,都有一定的合理性,但又都存在着一定的局限性。我们应当对这些说法进行综合分析,吸收其中的合理成分,以便对图书馆管理进行更全面、更准确的表述。我们认为,现代图书馆管理既不是传统的行政管理，也不只是从实际工作中总结出来的经验管理，也不能把它归结为科学管理，更不能把它简单地概括为数学方法加电子计算机的应用。

在这里，我们将图书馆管理定义为：图书馆管理是对图书馆的文献信息、人力、财产和资金、物质资源，通过计划和决策、组织、领导、控制、协调等一系列过程，来有效地达成图书馆的目标的活动。

图书馆管理就是把图书馆的文献信息资源、用户、馆员、技术方法、设施等分散要素联系起来构成一个有机的整体。没有管理就不能开展图书馆的活动，更谈不上图书馆工作质量与效率，达不到图书馆预期目标，完不成图书馆任务。这种管理活动既包括信息资源的管理，也包括图书馆人力资源、物质资源、财经资源的管理。

图书馆管理既不是指图书的管理，也不是指图书馆的具体业务工作。与图书馆管理相关的图书馆管理学，则是研究图书馆管理的基本理论、管理过程、管理方法、各种具体管理和图书馆管理趋势的科学。它是图书馆学的一个分支学科，是管理学在图书馆管理实践中的应用。

图书馆管理是遵循图书馆工作的客观规律，通过计划、组织、协调、指挥等手段，合理配置和使用图书馆资源，以达到预期目标，满足用户知识信息需求的一种活动。

二、图书馆管理的对象

图书馆管理包括微观管理和宏观管理两个部分。微观管理是对个体图书馆的管理。宏观管理则是对社会图书馆事业体系的管理。

图书馆管理的对象有三大部分：人力资源管理、物力资源管理和财力资源管理。人力资源管理包括图书馆员工管理和读者管理，物力资源管理包括图书馆的文献信息管理、图书馆的建筑和设备管理以及技术方法管理，财力资源管理指图书馆的各项经费开支以及各种经营性收入管理。

（一）图书馆人力资源管理

1. 员工管理

图书馆员工是图书馆连接文献信息与读者的纽带和桥梁，是图书馆活动的管理者和组织者。图书馆工作效益的高低和社会影响的好坏，取决于图书馆的员工，所以图书馆员工是管理的主体要素。图书馆的员工分为图书馆专业人员、图书馆技术人员和图书馆行政人员三大部分。管理者应通过定岗、定员、考核、选举、激励等多种形式，激发员工的积极性和创造性，挖掘他们的内在潜力，使员工的聪明才智得到充分发挥，努力做到人尽其才、各得其所、各获其荣。

2. 读者管理

读者又称为"用户"，是图书馆的服务对象。图书馆因读者而生存，读者的存在和需要是图书馆生存和发展的动力。由于图书馆读者群的复杂性、多变性和信息需求的多样性，读者管理成为图书馆管理中最活跃的要素。管理者必须树立"读者至上"的思想，一切管理工作都以用户文献信息需求为出发点和归宿，最大限度地满足读者日益增长的知识信息需求。

（二）图书馆物力资源管理

1. 文献信息资源

图书馆的文献信息资源统称为"图书"，是图书馆的"立身之本"，也是图书馆存在的先决条件，是图书馆系统中最基本的要素。它是根据图书馆的性质、任务和方针，以及特定读者群的文献信息需求，经过日积月累而形成的文献信息体系。图书馆的文献信息资源随着科学技术的发展，载体越来越丰富多样，有印刷型资源、缩微型资源、声像资源、电子型资源和网络资源等。对这些资源进行管理既要确保文献信息资源的系统完整，又要便于读者对文献信息的充分利用；既要着眼于馆藏的特色建设，又要做好资源的共建共享。

2. 建筑设备

建筑设备又称"设备"，是图书馆生存的物质条件。传统图书馆设备包括建筑、书架、目录柜、阅览桌椅等。现代图书馆设备，除了传统图书馆设施以外，还包括许多现代化技术设备，如视听设备、复印设备、缩微阅读设备、传真设备、文字处理设备、图书馆计算机自动化系统、图书馆消防安全系统、中央空调系统、局域网以及互联网接口等。这些设备可统分为两大部分：一部分是围绕着业务工作而产生的现代化技术设备系统；另一部分是为业务主体服务的行政后勤服务技术设备系统。

3. 技术设备

图书馆的技术设备以自动化系统为核心，由计算机软件系统、硬件系统和数据库三大部分组成。随着科学技术的发展，数字化图书馆的出现，信息设施、信息资源、信息人员的智力将融为一体，图书馆的自动化系统会越来越完善。图书馆的建筑设备将会随着这些技术方法的应用而发生很大的变化。为此，图书馆的管理者应用战略的眼光去规划和建设图书馆文献信息服务技术设施体系，为信息资源体系的形成、维护、发展以及开发利用提供条件。

(三) 财力资源管理

图书馆的财力资源主要来源于政府对图书馆的拨款，以及社会各界对图书馆的资金投入。图书馆的经费开支主要用于购置各种载体的文献信息资料、业务活动开支、行政管理费用、员工工资、设备维护费等。经费预算是图书馆经费管理的一项基础工作，在预算的执行过程中，应该有严格的经费结算制度。管理者应通过核算执行情况，为经费管理提供相关信息。在经费管理过程中，应加强财务管理，严格执行有关的财务制度和规范，通过严格的财务制度管理图书馆的经费，以最低的成本产出最大的效益。

第二节　图书馆自动化系统建设的理论与意义

一、理论意义

今天，国内有关图书馆自动化系统建设的理论研究方兴未艾，自动化建设如火如荼。关于图书馆自动化系统建设这种提法虽然没有提出，但是有些地区正在进行资源的协调建设，建立图书馆网或者是建立高校联合图书馆等，一些关于这方面的研究理论也见诸报端，开始受到人们的重视。学术界有关图书馆自动化系统及其建设的研究可以概括为以下四个方面：一是广泛分析了图书馆自动化系统建设的现状、存在的问题、发展趋势，并提出了解决问题的对策与建议；二是对国内外图书馆自动化集成系统发展状况进行研究，提出了国内图书馆自动化系统的优、缺点等；三是对国内外一些高校联合图书馆、有关图书馆总/分馆制建设案例、网络图书馆建设案例的分析和比较；四是图书馆自动化系统互联技术和互联协议等方面的探讨等。目前，我国更多的是单一的个馆而没有从全局的角度出发去研究图书馆自动化系统建设，更多的是从理论而很少从技术角度出发去研究信息资源共建、共享。本节的图书馆自动化系统建设的理论意义在于从技术手段的角度对资源共建、共享和图书馆自动化系统的理论进行一定的补充。

（一）对信息资源共建、共享理论的补充

自动化系统建设的研究，是对信息资源共建、共享理论的补充。全国信息资源共建、共享趋势的一种必然结果，是实现信息资源共建、共享的技术支撑和方法手段。到目前为止，我国图书馆界已经做了不少努力来实现资源共享：20世纪50年代图书馆界开始筹划全国图书协调方案；80年代中期，开展了全国性文献资源调查等系列活动；90年代对文献资源整体化建设和共享问题的热烈探讨；1999年初，全国高等教育文献保障系统（CALIS）成立；目前北京、上海、深圳等地区已经开始建立图书馆网，取得了一定成效。但从整体来看，由于历史和经济发展的原因，大部分图书馆自动化系统建设工作都是单独进行的，由于没有统一规划和集中控制，各馆业务都是单独进行，盲目建设，浪费了大量的人力、物力和财力。另外，各地区图书馆自动化建设水平也参差不齐，地区发展不平衡，这使得各地区自动化系统建设的规模和方式都不一样。虽然取得了成效。但也存在不少问题。我国图书馆界真正的信息资源共享步履维艰，这既有国家政策、资源配置的原因，也有技术上的问题。虽然现在我国图书馆界开始从资源集成模式、个馆与整体的互利互动关系、个馆的重新定位等角度出发研究信息资源的共享，但这还远远不够，只有从技术层面真正解决各系统之间的互联，实现区域内图书馆间的资源协同建设与业务协同处理，才能为信息资源的共建、共享提供技术支撑平台。这样，我国图书馆界就应该找好、找准信息资源共建、共享的切入点——图书馆自动化系统建设。该建设的实质是实现图书馆业务的协调处理，以达到资源协调建设，共建、共享的最终目标，它是在条件成熟的时候实现更大范围内业务协调建设和全国信息资源共享的前提与基础。美国学者贝克（CS. K. Baker）曾说过："每一个图书馆都必须将自己视为世界图书馆体系的一部分，必须摆脱自给自足的状态，必须发现迅捷而合算地从世界图书馆体系中获取资料并送到自己用户手中的方式。"目前，随着自动化、网络化的发展，我国相当一部分图书馆的自动化、信息化建设水平已显著提高，资源虚拟化、管理网络化、信息导航自动化的环境已经逐步形成。信息服务与网络平台的强力结合，使国内图书馆在新层面上的业务自动化协调建设的条件和时机已经成熟。因此，新的网络环境下，各地区图书馆界应该积极响应全社会资源共享的需求，进一步研究并加强自动化系统的建设。

（二）对图书馆自动化系统理论的补充

自动化系统建设的研究，是对图书馆自动化系统理论的补充。图书馆自动化系统建设是数字图书馆建设的基础。数字图书馆是图书馆自动化系统的高级阶段。数字图书馆是基于网络环境下的一种分布式信息系统，是一个可扩展的知识网络系统，是超大规模的、便于使用的、可以实现跨库无缝链接与智能检索的知识中心。它把不同载体、不同地理位置的信息资源用数字技术存贮，以便于跨区域、面向对象的网络查询和传播，涉及信息资源加工、存储、检索和利用的全过程。目前各地区、各系统图书馆在自动化系统建设中存在的问题，主要体现在图书馆自动化建设缺少整体性(内局限于本馆,外局限于某一地区,图书馆自动化系统建设只局限于本馆或者本地区,没有从全局出发综合考虑个馆或者图书馆自动化的建设),系统选型不明确,没有必要的技术力量,书目数据不标准等,这些都影响未来的数字图书馆建设。自动化系统建设就是将分散在不同地理位置的图书馆自动化系统,通过现代信息技术和网络技术等,构建一个统一的检索网络。利用自动化系统的各项功能,实现各馆业务的协同处理。自动化系统建设的实质是构建一个分布式或者集中式书目文献数据库,这是实现区域内图书馆文献资源建设与文献信息服务的基础,是数字图书馆实现的前提条件。自动化系统建设将在资源协调建设、系统建设、业务建设、人力资源建设等方面积累大量的经验,这些将为数字资源分布式存储的数字图书馆的建立奠定一个好的社会环境和技术环境,为其建设提供经验借鉴和启示。

二、现实意义

(一)实现图书馆业务的协同处理

图书馆自动化系统建设是在统一组织的领导下有计划、分阶段逐步实施的,利用各种先进的技术实现本区域内异构和同构系统之间的互联,实现各馆业务的协调同步处理,达到资源联合采购、联机编目、馆际互借、文献传递、通借通还等目的,为本地区甚至是更大范围内的用户提供更加便捷、高效的信息服务。建设的各馆借助先进的技术设备和政策制度,以"集中管理,分散建设"的模式,打破单独建设的状态,在统一领导下进行信息资源的协调采购与开发建设。如对于价高质优的一些专业和综合性数据库,各馆在经费有限的情况下,可以联合采购，以集团的优势发挥有限经费的最大功能，获得更多的优惠。各馆可以根据出资多少，在一定的权限设置下享有不同的使用权。同时，根据个馆资源建设的特点和统一的资源配置计划，有效地加强各馆特色资源建设。图书馆自动化系统建设如果是建立在使用相同的图书馆自动化集成系统的基础上，就可以彻底地改变系统不兼容的状态，为以后实现更大范围内图书馆业务处理创造良好的技术环境。如果是建立在使用不同系统的基础下，将会为异构系统的互联带来技术上和操作上的许多难题。

(二) 实现图书馆资源的优化配置

图书馆资源优化配置，是指对图书馆各类信息资源的有效整合，从而使各类信息资源和各项服务功能发挥最大的效用，同时也使用户的信息需求得到最大限度的满足。它包括个体图书馆资源的优化配置和图书馆联盟的资源优化配置。本节讨论的主题就是资源优化配置的一种资源配置。这种资源配置的表现形式就是图书馆自动化系统建设。图书馆自动化系统建设就是打破馆与馆之间、系统之间以及地区之间的界限，实现业务协同处理，对资源进行统一配置，构造分布式的信息资源布局，以形成结构合理、内容完备、存取方便、高效经济的信息资源保障体系，改善和提高图书馆联盟整体的信息保障能力为最终目标的一种资源优化配置方式。资源优化配置要比个体图书馆资源优化配置(个体图书馆内部信息资源的合理布局，体现在学科、类型、品种、复本、数量、质量等多个方面)更为宏观，也更强调信息资源在系统内、区域内各成员馆之间的合理布局与资源共享。具体来说，信息资源优化配置，主要表现在信息资源的结构配置、内容配置以及地域配置等方面。

自动化系统建设是一种立足整体，放眼全局，根据建设的定位和各参建馆的具体情况，确定信息资源结构配置的信息资源配置方式。如中国高校人文社会科学文献中心（CASHL）采取全国中心—区域中心—学科中心等三级保障结构，然后根据各中心的重点学科分布和馆藏特色，实现文献资源的整体优化配置，发挥中心信息资源保障体系的整体优势。信息资源的内容配置重在体现联盟的整体规划和协调，强调各类信息内容在系统内、区域内各参建馆的合理布局和资源共享，以实现信息资源整体布局的合理性和经济性。在实践中，根据各地区、不同系统内各馆的馆藏基础和馆藏特色，综合考虑信息资源配置原则和配置策略，从而制定总体的信息资源建设发展规划，以共同满足社会多元化的信息需求。信息资源的地域配置强调加强地区内或者系统内图书馆的宏观调控，减少信息资源配置的马太效应。图书馆自动化系统建设是对某一个系统、某一地理范围内的图书馆进行系统支持下的信息资源的统一配置，形成结构合理、方便、经济的有机整体，从而改善和提高系统、区域或者国家信息保障能力的组织活动。

（三）建立一个有效的信息资源利用体系

图书馆自动化系统建设从个馆与整体互利互动、协调发展的总体思路出发，按照实用性、共享性及经济性的建设原则，充分利用图书馆自动化、网络化及全国信息资源共享的条件，逐步确立区域内馆际协作与资源共享策略，完善共享机制，重新酝酿区域内各馆资源的合理集成与重组，逐步形成有特色、有重点、多层次、分阶段的建设格局。在共建共享、协调建设大方向的指引下，各参建馆将本馆建设有机地纳入整个地区建设体系中来，在统一公共检索平台的协同支持下，遵循国内外通行的数据标准,重视数据库的标准化建设,重视目录体系的建设,在著录过程中严格按照统一的书目格式标注,加强对书目数据库的管理和维护,保证数据与资源的一致性。建立完善统一的信息检索系统,满足用户多途径检索的需求。根据馆藏基础及地区文献资源布局的统筹安排,制定信息资源建设方案,形成具有本馆特色的馆藏体系,并进一步开展特色资源的数字化建设和网络虚拟资源建设,形成虚实结合、内外互补的网上统一的馆藏体系。这些工作的积极开展将会大幅度提升区域内图书馆业务的协同处理效率,增强区域内信息资源保障本地区、辐射全国的信息服务能力。

图书馆自动化系统的开展将是图书馆工作的又一次质的飞跃。图书馆自动化建设将会打破传统图书馆封闭的运作模式,在高水平、高标准、高起点的基础上,实现各馆业务的协同处理,特色资源的协调建设,共享各馆的信息、技术、人员、资金等,提高区域内的信息服务能力和保障能力。自动化系统的合作建设,将使我国各个图书馆的自动化、标准化和规范化建设达到一个新的水平。

第三节 图书馆自动化系统建设的现状

我国图书馆自动化系统建设工作经过了二三十年的发展,形成了明显的特征:从整体范围来看,经济发达地区快、经济欠发达地区慢;高校图书馆和专业图书馆相对较快,公共图书馆较慢。在取得成就的同时也存在不足。因此,我们应该认真分析国内建设的现状,为制定出适合我国国情的建设方案和发展模式提供依据。

一、国内建设现状

国内许多经济比较发达的地区已率先尝试了自动化系统建设，有的已粗具规模。如上海地区建立了上海教育网；广东49所高校联合建设了区域图书馆网络；北京市27所市属市管高校图书馆联合建立了网络图书馆，并密切关注中小型图书馆的发展状态；浙江省滨江高教园区6所高校联合建立网络图书馆；国家图书馆建立了部委分馆；中国科学院国家科学图书馆实现了总/分馆制，总馆设在北京，下设兰州、成都、武汉等分馆，并依托若干研究所（校）建立特色分馆；辽宁省图书馆、上海地区图书馆、深圳南山图书馆、深圳福田区图书馆、东莞地区图书馆等公共图书馆采用总馆/分馆制实现了自动化系统建设。其中，上海市中心图书馆于2000年底正式启动，现有32家分馆，与所属所有区县图书馆实现了通借通还。2004年5月，北京市公共图书馆系统开始施行"一卡通"，现有联网成员馆65个。2005年，深圳市、区公共图书馆全部实行联网，读者只需持有一张借书卡，便可在深圳图书馆和6个区图书馆之间自由地借书、还书。另外，厦门大学图书馆还最先实行改革，成为分馆制的先行者，此后武汉大学、北京大学、清华大学、云南大学、天津大学、大连理工大学、河北大学等多所高校图书馆陆续跟进，实行了总/分馆制，实现了自动化系统的联合建设。下面我们具体看一下国内比较有代表性的自动化系统建设的例子。

（一）北京高校网络图书馆

它已提出了一种分布式的建设和管理模式，要求各高校馆依据自身的规模和条件建立各自的网络环境和自动化系统。网络图书馆工作的重点在于资源建设、业务指导与协调和人员培训等方面。参加北京高校网络图书馆的图书馆均需签署"北京高校网络图书馆协议",管理中心设在首都师范大学图书馆,资金投入采取市教委项目补贴和各高校共同分担的办法。它构筑了北京地区高校文献资源共享服务体系,在市属、市管高校图书馆实现文献资源共享,改变以往各校文献资源自我保障、分散发展的模式,有效地扩充信息资源的获取范围,提高信息处理效率。它充分发挥北京市属重点高校图书馆的优势,带动一批基础条件较弱的高校图书馆,使其在软硬件及网络基础设施、文献数据资源、队伍建设及信息服务等方面有较大的改善,使北京27所市属市管高校图书馆的整体水平有较大的提高,与"高等教育文献保障系统"(CALIS)的建设相补充,为北京地区高校的教学、科研提供信息支持和咨询服务。

(二)天津市高校联合图书馆

天津市为实现高校资源的整合、共建、共享,决定实现自动化系统联合建设。他们制定了两种建设方案:一是将天津市高校图书馆当时使用的多种图书馆管理软件并行使用;二是天津高校图书馆统一使用一个图书馆管理软件和平台,即天津高校 Unicorn 联合图书馆。在综合考察两种建设方案的利弊后,决定选择第二种方案进行建设。在天津市教委和市财政局的统一部署下,制定了天津高校联合图书馆的发展策略,安排了合理的资金投入,并组建了领导小组,专门领导建设天津市高校 Unicorn 联合图书馆,即各成员馆统一使用一个图书馆管理软件和平台,利用 Unicorn 系统将天津市高校图书馆联合起来,构建一个开放、共享的公共管理平台。以自动化管理系统为切入点，以实用为着眼点，构建统一的检索平台，提升高校馆信息管理及服务的总体水平。引进 Unicorn 这套系统软件大大促进了天津市高校馆之间的合作，充分调动了各成员馆系统建设的积极性，综合发挥了各类资源的效益。

（三）甘肃省图书馆总/分馆制建设

甘肃省以联合成员馆的设计思路，联合统一采购美国 Sirsi 公司的 Unicorn 系统，实行中心/成员馆方案，利用中心馆先进的软、硬件环境和人才资源等优势，通过宽带网络实现中小型图书馆自动化的跨越式发展，以点带面，加快图书馆间的联合，实现更为广泛的资源共享（技术共享、人员共享、软硬件共享、书刊目录资源共享）。甘肃省各图书馆共用一组设备，一套集成化系统，建设一个数据库，实现联合采购、联合编目，解决了信息共享中异构数据库技术障碍，为联合建设奠定了良好的系统基础。甘肃省图书馆作为本地区的中心图书馆，全面负责 Unicorn 系统的开发、技术管理和监控工作。培训、指导各成员馆使用系统，根据各成员馆的实际情况对其进行量体裁衣式的参数设置和业务流程重组，并负责系统的日常维护和平滑升级工作，保证系统安全、正常地运行，并在技术和信息方面，帮助本地中小型馆。中心馆为成员馆开放服务器地址，各成员馆只需通过 Internet 连接中心馆。目前，经过反复实践和艰苦工作，已发展了一些成员馆，并使它们在较短时间内全面实现了自动化管理。甘肃省联合成员的设计思路是在甘肃省大多数图书馆，尤其是中小型图书馆因资金、人才的双重匮乏，自动化建设尚未启动的情况下选用的发展模式。

（四）其他总/分馆建设体系

目前，我国广东省、东莞市和上海市分别采用了总/分馆制建设，实现了自动化系统的建设。广东省网络图书馆在广东省高校图工委的指导下，由省教育厅主办，委托华南师范大学图书馆具体组建，其文献资源管理中心暂设于华南师范大学图书馆。该系统以共建、共知、共享的发展模式，包括广东中山大学、华南理工大学、暨南大学、华南师范大学等49所高校图书馆，重视系统的统一和标准化建设，构成一个完整的全省高校图书馆网络。广东省绝大部分高校按省高教局统一部署使用深圳大学研制的SULCMIS系统，所以广东省能在较短的时间内真正地实现地区高校的资源共建、共知、共享。上海市中心图书馆网络工程是以上海图书馆为总馆，各区县图书馆及高校、科研等各系统图书馆为分馆，建立总分馆体系。到目前为止，该体系已经发展了30多个分馆，联合上海地区公共、科研、高校等系统图书馆，向专业技术人员和科研人员提供网上参考咨询服务。具有东莞特色的地区图书馆网工程是东莞市政府以东莞图书馆新馆为城市中心图书馆（总馆），各镇区图书馆为分馆，村、社区（居委会）图书馆以及图书流动车为补充，吸收企业、学校等其他系统图书馆加入，以政府主导、统一组织、分担经费、分步实施的方式，建立以技术统领、业务协作为特征的资源共享体系。目前，该平台已经发展了1个总馆，19个分馆，80多个图书流动服务站，并与多个科技文献机构初步达成了共建分馆的合作意向。

各总/分馆建设中，总馆具有总体管理和协调统筹的职责，进行规划部署、组织推动和业务指导等工作，制定一系列的工作程序、规范标准和规章制度，用以指导总分馆建设。分馆可以共享总馆先进的技术、信息、人员等资源。各馆可以实现文献资源统一采购、统一配置、联合编目、通借通还、共享各类数字资源等功能。

二、特点分析

综上分析，我们可以看到，国内各地区图书馆在进行自动化系统建设时，具有很多不同的特点，主要体现在以下几个方面：

（一）业务协同建设意识薄弱

联合建设意识薄弱。由于体制和历史的原因，我国许多图书馆都是呈明显的条块分割状态，各馆"封闭保守"、"自给自足"意识浓厚，主要表现在书目数据库建设、数字资源开发、资源采购、文献传递等业务上的单一性。而有些已经走上合作道路的图书馆依然存在"只可以共建但不可以共享"的意识。意识上的落后严重阻碍了我国建设工作的开展。另外，我国很多图书馆由于在自动化系统建设初期缺少统一的规划与指导，致使数据格式不标准、资源重复性与单一性并存、图书馆建设经费短缺等。在全国资源共享需求的今天，其实有许多图书馆希望通过联合建设来缓解经费短缺的压力，实现联合采购、联合编目、馆际互借和文献传递等业务的协调处理，借助整体的优势来实现更高效、更便捷的图书馆服务。这种愿望在有些地区就被转换成图书馆自动化系统的建设。

（二）组织方式不同

目前，国内有些地区是以图书馆网络的形式来实施同一系统或者一定地理范围内的建设，有些是以国家或者地方政府以行政命令的方式推广本行政区域内的建设，有些地区是本着自愿的原则自发形成的联合建设，有些自动化系统建设得到了政府的政策和资金支持，而有些则完全是自筹自建。有些建设是由非正式的组织，如自发的图书馆联盟来领导的，有的是借助正式组织，如高校图工委、CADS等来开展建设的。目前，我国大部分地区是以一种松散的方式来进行组织建设的，这些组织都有一定的规章制度和运行机制。

(三) 建设力度不够

虽然我国一些地区的图书馆自动化系统建设取得了一些成效，但从总体来看力度却不够。第一，一定地理范围或者同一系统内，并没有很多的图书馆参建。实现大范围内的联合建设的地区大部分是在政府的强制下进行的，许多图书馆自愿参与建设的意识还不够。第二，业务开展的力度和内容不够。大部分业务建设仅围绕纸质信息开展，实现合作编目，共享书目信息。即使这样，各馆由于在建设中缺少沟通和技术操作问题，也使得书目信息重复建设难以避免，书目质量不高。甚至有些参建馆仍然采用原有的编目格式，不利于标准统一的数字资源的建设和检索获取。有些地区联合建设的内容还很窄，有的地区只是沿袭以前馆际互借的方式，"换汤不换药"地进行联合建设；有的地区诸如文献传递、联合采购等业务协作内容并没有实施，有些地区联盟虽然明文规定了一些业务合作项目，但是由于各种原因很难在各个参建馆推广开展，使得规定成为"一张废纸"。

(四) 多种建设模式

各地区或者系统内的图书馆在进行联合建设时，都根据区域内的财政条件和各馆自动化建设的实际情况，制定了不同的自动化系统建设方案。有的建设是以总/分馆制的方案实施的，如上海市中心图书馆、甘肃省联合图书馆、东莞市联合图书馆；有的建设则以提倡参建馆使用相同的自动化系统，建设同构同质的数据库的方案实施的,如天津高校联合图书馆、广东省网络图书馆;也有的建设以当前个馆自动化建设为基础,实现异构自动化系统间的互联,如北京高校网络图书馆。不同的建设方案是根据不同区域的建设现状来制定的,对建设具有提纲挈领的作用,为建设提供了有益的指导。

三、国外建设现状

国外早在20世纪60年代就开始了自动化系统建设工作,与国内不同的是它们首先是从联机编目开始的,比较重视各种互联协议的制定,更加注重标准化建设和网络互联。第一个重要的联机公用编目系统是1967年建立的OCLC(1971年开始提供书目数据库的联机查询服务,成为世界上第一个提供联机服务的图书馆自动化网络),随后很快涌现了其他系统。如美国的研究图书馆信息网络(RLIN)、西部图书馆网络(WLN)、加拿大的多伦多大学图书馆自动化系统(UTLAS)、英国的伯明翰图书馆协作机械化计划(BLCMP)和大学研究图书馆合作组(BLCMP)等。此外,世界上的其他国家,如澳大利亚、日本等也相继建立了图书馆自动化网络。

(一)OCLC——图书馆合作范例

OCLC(Online Computer Library Center,图书馆联机计算机中心)创建于1967年,其成立之初名为"俄亥俄高校图书馆中心"(Ohio College Library Center)协作网,是由当时美国俄亥俄州的54所大学自发联合起来,形成俄亥俄学院图书馆中心,以发展一个协作性、地区性的图书馆网络为目的,来促进世界各地成千上万所图书馆和信息中心之间的合作,以存储全世界的信息。现今,OCLC不仅从一个地区的网络发展成为一个洲际的网络，而且已发展成为世界上规模最大的图书馆自动化网络，其成员馆和服务范围已遍布82个国家与地区的41 000个各类型的图书馆。目前，OCLC提供的主要服务项目有：1.联合编目。OCLC已经成为世界上最大的、最综合的书目数据库，大约每年增加200万本新书。参加或使用该网络的图书馆在进行编目时，既可以利用现存的书目，也可以提交一些新的书目记录，但这些目录必须是严格按照OCLC的著录规定的。OCLC还对各馆进行书目记录的回溯转换（即将各馆原有的手工书目记录转换为机读记录），还向各馆提供卡片目录和其他形式的目录、打印新书通报等。2.资源共享。OCLC提供联机馆际互借和机构名称、地址指南两方面的服务。联机馆际互借是指用户在编目系统上搜索出书目，通过网络向其他图书馆提出借阅。在1979至1989年的10年间，办理了2200万次馆际互借。机构名称、地址指南是指给出版商的信息，为用户提供快速获取文献的途径。3.文献采集。图书馆可以通过OCLC向出版商采购文献，OCLC代各馆打印和发送订单、催询、进行财务管理和推荐出版商等。4.期刊管理。除采购业务外，OCLC还可在年底为各馆打印期刊的装订清单。由于OCLC在实现资源共享方面发挥了过去单个图书馆无法起到的作用，故有人称它是"没有围墙的图书馆"。

（二）研究图书馆情报网络

美国研究图书馆组织（RLG）的研究图书馆情报网络（Research Libraries Information Network, RLIN），网络主机设在斯坦福大学。它是1978年在该校大型图书馆目录自动化作业分时系统的基础上建立起来的。到1990年底，它的各类成员已有106个研究图书馆，用户1100个，已存储书目文献记录和事实信息4500万条。在此基础上，它逐渐发展形成专门支持大型专业研究图书馆的自动化网络系统，支持共享、联机联合编目、采购处理、馆际互借、书目与规范文档检索以及情报检索等，并实现了西文与中文、日文、朝鲜文、希伯来文、阿拉伯文等的综合书目处理。RLIN的服务项目有：1.联机编目支持，是其最主要的服务项目，类似于书目系统，只不过规模较小，只有不到200万种数据。2.联机采购服务系统，以书目记录来支持网络采购，支持各种采购服务。3.馆际互借，通过向成员馆发出文献互借信息实现馆际互借。该网络的特点是：以专业学术资料丰富的大学和研究机构为基础，根据成员的实际需求开发项目，文献著录格式规范统一，检索途径广泛、灵活。

（三）多伦多大学图书馆自动化系统

加拿大多伦多大学图书馆自动化系统（University of Toronto Library Automation System, UTLAS）的网络中心设在多伦多市。1967—1975年间该馆将绝大部分馆藏目录转换成机读目录。1973年该大学图书馆自动化系统建成联机编目支持系统，开始正式提供联机书目服务，到80年代已发展成为仅次于OCLC的图书馆自动化网络。1983年该系统成为非营利性的书目公共事业公司。1986年，该系统的用户已达2000多个图书馆，网络的服务范围扩展到美国和日本。该系统的主要功能是开展联机合作编目业务，提供的服务有采购控制、规范控制、联机书目查询、馆际互借、参考咨询、发行多种形式的目录产品及图书馆行政管理自动化等。该系统的数据源为加拿大、美国、英国和法国的国家图书馆的书目数据以及成员馆提供的书目数据。采用的机读目录格式是从美国国会图书馆机读目录和加拿大机读目录衍生出来的。系统采用各成员馆分别建库的方式，可满足用户的不同需求，便于生产各种规格的产品，但数据冗余量较大。

（四）西部图书馆网络

西部图书馆网络（Western Library Network，WLN）的网络中心位于华盛顿州奥林匹亚市。前身为1976年创立的由10个成员馆组成的华盛顿图书馆网络（WLN），1977年提供联机服务，由于成员馆大多分布在美国西部，1985年改为现名。1987年成员馆达275个，书目记录总数达350万条。该网络由编目子系统、采购子系统、成批回溯转换子系统和馆际互借子系统构成，主要功能包括：①合作联机编目；②制作目录卡片和书标；③使用多种检索点检索书目及馆藏；④供成员馆成批补充馆藏数据和制作书目记录磁带；⑤联机采购；⑥编制各种书目的印刷版和COM版；⑦馆际互借；⑧发行书目数据库光盘（1987年起）。该网络的特色是实行严格的名称规范控制，以保证记录的质量。它曾投入巨资开发了图书馆自动化软件系统，除美国外，澳大利亚、英国、新加坡、新西兰、南非等国的全国图书馆网络都采用了它的软件。

四、特点分析

综上分析，国外自动化系统建设在政策、技术、法律、资金、人员等方面都比国内具有无可比拟的优越性。

（一）完善的法律法规与政策保障

国外大都有与自动化系统建设相关的国家性质的法律、法规与政策保障。这是国外建设顺利开展的前提和保障。早在20世纪50年代，国外就制定出了各种促进信息资源共享的法规和政策报告。如美国政府"贝克报告"、《个人隐私法》《文书削减法》《公共信息准则》《美国国家信息基础设施：行动计划》，2001年又成立委员会，根据图书馆发展新形势对该标准进行修订等，以确保公众能够及时、平等、公平地利用信息产品和服务，有效地协调不同协作行业之间的利益与职责，为资源共享创造了良好的法律环境和条件。

(二) 联合目录是业务协同处理的基础

国外图书馆联合组织业务协同处理的基础是联合目录。自动化系统建设的突破点都是联机编目，注重编目数据的标准化和规范化建设，联合建立了世界上大型的目录数据库，供各成员馆免费查询。另外，各地、各系统图书馆还以联合目录为基础构建统一的检索网络，实现资源协调采购、馆际互借、文献传递等业务。甚至有的组织的图书馆之间还共同分担一些项目的风险。如OCLC就通过严格控制书目数据格式，建成了世界上最大的书目数据库；UTLAS系统就以从美国国会图书馆机读目录和加拿大机读目录衍生出来的机读目录格式，整合了加拿大、美国、英国和法国国家图书馆的书目数据，为用户提供书目共享服务、文献传递服务、馆际互借服务和资源联合采购服务等；RLIN明文规定其文献著录格式规范要统一。除此之外，有些联盟还开展了创建标准化的计划和服务项目、改进文献资源获取的操作进程、扩大有用的电子数字资源、进行整体的设备规划及维护工作、提供培训和咨询等业务。

(三) 图书馆联盟的统一领导

国外大部分自动化系统建设都是由统一的图书馆联盟组织来领导的。这些联盟有的是非营利性的组织机构，有的是一些商业机构，虽然它们的组织机构、发展历史和特有的目标可能不尽相同，但宗旨都是为了改进读者获取图书馆信息资源的能力。它们大都有严密的规章制度和运行机制，规定了各成员馆的权利与义务、实施进度、发展目标与组织宗旨，还设有监督机制等，这些为本联盟内合作事项的开展提供了指导和监督。图书馆联盟的统一领导为建设的顺利开展和良好运转提供了必要的组织管理保障。

（四）分布式建设模式

国外自动化系统建设大都采用分布式建设的模式，即各成员馆或者文献信息机构作为单独的资源收藏单位和服务单位，使用着不同的自动化系统，彼此间组成自动化网络，网络内任何一家成员馆都可以向联盟内的其他成员馆提供相关的服务。同时，联盟内的各成员馆还可以按照组织规定的统一的运作流程和标准协议，实现异构系统的互联和数据库的互操作，进而实现业务的协同处理，最终达到资源共享的目的。如 RLIN、OCLC 等。除此之外还有一些联盟采用集中式的模式进行建设。

（五）技术创新

国外自动化系统建设自诞生之日起，始终寻求技术的创新。技术的领先能不断吸引更多的图书馆成为它的成员，使联盟的规模不断扩展和不断保持其良性发展。如 OCLC 为适应社会的发展需要，不断跟踪并开发新技术的各项应用。Site Search 软件工具的改进、图像系统软件包的开发应用，First Search 服务的加强，8 次元数据国际研讨会的召开，DC（都柏林核心集），VRD（虚拟咨询台）技术以及电子期刊馆藏联机服务的实现等。

（六）高素质的图书馆员

国外自动化系统建设都注重高素质图书馆员的使用。这离不开国外对图书馆学专业教育的重视和人员使用制度的先进性。国外图书馆界相当重视图书情报学（LIS）教育。在美国与加拿大，图书馆教育学院需有来自例如 ALA 等方面的 accreditation（认可），并且这种认可非终身制，它对于学院的师资与办学水平起到评估与监督作用，以保证学院不断输送出合格的图书情报人才。在知识构成上，国外图书馆员大都具有硕士学位，有的还熟悉网络系统、掌握一门或多门外语等。在岗位管理上，图书馆会根据岗位需求和人员能力来调整职位，使不同资格者均充分发挥才能，并建立适当的升迁渠道，有效地运用图书馆人力资源。

五、国内外建设特点比较分析和建议对策

通过分析可以看出：与发达国家相比，我国图书馆自动化系统建设实施过程中存在一些不足，主要体现在体制、财政、观念、管理和技术方面。

(一) 体制问题

由于历史原因和体制问题，我国图书馆在管理制度上存在一些弊端：许多图书馆不同属一个系统或财政上分灶吃饭，没有图书馆法或者共同认可的行业规范，业务上各自为政，单独建设。这些问题使图书馆业务建设和服务实施的步调难以一致甚至会有所冲突，有时难以用一般协调的方式加以解决。这样的情况即使在当前建设开展比较好的上海地区，也明显存在。图书馆自动化系统建设得到一时的风光并不难，但若要长期运转则可能举步维艰，关键问题在于体制的限制。作为建设的中坚图书馆，如果不能在人、财、物上统一管理、协调运作，资源的整合、服务的整合难以维系，联合之路能走多远不容乐观。目前国内的图书馆协作组织都是以协议的方式建立松散的"中心馆—成员馆"或"总馆—分馆"联盟，缺乏约束力，业务运

作难以协调一致。而国外发达地区公共图书馆系统实行总分馆制多年，图书馆布局合理、服务完善，取得了成熟的经验。我们认为，根据不同图书馆的发展特点和类型，推行不同的建设模式是我国图书馆事业发展的必然选择，现在北京、深圳、上海等图书馆正在紧锣密鼓地推进这种建设就是有力的证明。

　　面对这些情况，我们应该学习国外和国内一些开展建设比较好的建设经验。美英图书馆自动化系统建设的成功经验之一就是合作发展道路。因此，各地区图书馆必须要树立共享的意识，冲破行政隶属关系的束缚，走联合建设的发展道路，实现更大范围内的信息资源共建共享。

　　(二) 财政问题

　　自动化系统建设是一项系统工程，需要参与各方共同投入。而且其发展不可能一蹴而就，需要持续性地投入。目前，国内建设资金主要来源于各图书馆的建设经费和当地政府部门的一些财政支持，没有得到国家、当地一些企业或者个人的资助。许多图书馆在建筑或其他硬件上，信息资源保障经费和系统建设经费及人力资源等方面的投入较少，许多实行总/分馆制的分馆主要依赖总馆调拨、协调解决。总馆大量输血，分馆造血不足，随着分馆数量的增加，许多总馆将不可避免地遇到财政困难。其中，上海市中心图书馆就将面临这种困难。这使得许多建设的经费紧缺，一些基础项目没有很好地进行，建设效果不理想。同时，我国各地对于建设的投资规模也不尽相同：例如，天津市教育局先后对天津市数字图书馆投资近1亿元，广东省教育厅投资了750万元启动广东省高校电子图书馆项目；江苏省教育厅投资1500万元用于建设江苏省高等教育文献保障系统。

　　从实现建设的活动来看，笔者建议建立财政指导和监控机制。各建设的领导组织应该在充分调研的基础上就联合图书馆的经费运作和控制做出指导，建立文献信息资源经费投入的监督机制，以控制区域内文献信息资源的均衡发展。例如可以将有关图书馆的资源采购费用集中起来，组建一个联合采编中心，集中进行采购和编目。既可以做好本地区、本系统内文献信息资源的合理布局，还可以提高编目质量，并大大减少不必要的浪费，使人力、物力和财力得到有效运用。

(三) 观念问题

各馆的"本位"意识过于浓重，重共享而轻共建。绝大多数分馆的业务开支中没有明确划分用于共建的经费，且多数图书馆的经费并不宽裕，资源并不充足，一些图书馆馆长认为没有拿出本馆资源为其他馆读者服务的责任和余力。我们可以看到，上海市中心图书馆是在不改变各参建馆的行政隶属、人事和财政关系的情况下，打破各类图书馆的行业界线，以上海图书馆（上海科学技术情报所）为总馆，在其他区县图书馆、高校图书馆或科技类图书馆设立分馆的一种新颖的图书馆联合体。目前，上海市中心图书馆并行三种运作模式，分别是公共图书馆以实现通借通还、文献集散为核心，高校图书馆以网络数字资源、外文文献资源和人力资源共享为核心，专业图书馆以联合采购网络资源、共建专业特色数据库及人力资源共享为核心，实行理事会体制下的馆长负责制合作模式。虽然针对不同成员馆的类型和特点存在三种运作模式，取得了一定成效，但由于体制和观念等问题的困扰，上海市中心图书馆的运作并不到位，其发展前景受到限制。

实现图书馆自动化系统建设是顺应信息资源共享的潮流，是提升图书馆整体业务水平和服务能力的必然选择。首先，实行自动化系统协同建设宜早不宜迟，各地区、各系统图书馆应该抓住这一难得的契机，积极实现建设。其次，各馆应该破除"本位主义"，树立全局意识，将本馆看成是社会信息系统中的一个子系统，积极主动地参与到建设中来。

(四) 管理问题

国内许多已经实现图书馆某项业务的合作建设的图书馆联合体，由于运行的规章制度、实际的操作水平以及各馆执行力度的不同等，致使一些图书馆联合体面临着管理上的障碍。如杭州公共图书馆系统的总／分馆制是建立在市馆与各区馆长期以来业务联系紧密、馆长间感情良好的基础之上的，缺乏强有力的行政约束，管理松散，一旦各馆利益失衡，前景难以预测。

毕竟国内的合作体系还没有像 OCLC、RLIN、WLN 等组织一样，有长期的运行和经营机制。国内在建设经验和实现技术上仍存在不足，因此国外在建设和运营中遇到的困难，对我们的建设就显得弥足珍贵并富有启示和借鉴意义。图书馆联合体在运行中出现的问题既不能单靠行政命令，也不可能完全由各馆的自发力量来克服，管理层面的协调至关重要。它应由政府有关部门牵头组建联合图书馆协调委员会，设立议事程序和解决问题的机制。基于这些，国内各地区、各系统应该认真学习国外和国内开展比较好的建设的管理层次和运行机制等方面的经验与教训，并根据本国、本地区的实际情况，制定出适合我国的运行机制、规章制度，做好短期与长期的建设规划。

(五) 技术问题

技术创新是图书馆建设能够长期持续发展的技术保障，是建设存在的必要条件。各区域图书馆领导组织应该加强新技术的开发与研究，制定各图书馆进行自动化系统建设应该遵循的标准和协议，保证各馆资源建设的规范化和标准化。标准化和规范化是各馆业务协同处理的前提，技术创新则是图书馆业务协同处理的极大障碍。由于经费和人员问题，致使图书馆自身技术研发能力薄弱。而有些馆自动化建设水平低，目前还缺乏利用现代技术的能力，自动化建设水平低。而国外自动化系统建设自诞生之日起，始终寻求技术的创新，不断吸引更多的图书馆成为它的成员，保证其规模的不断扩展，如CCLC就是一个典型的靠技术和服务来不断扩大规模的例子。

在技术层面上，各领导组织应该统一管理平台和技术规范。在新的社会环境下，图书馆自动化系统建设是以网络为基础的，需要在硬件设备和软件技术、系统互联技术方面做些统一的规定，努力进行标准化和规范化建设。

六、图书馆自动化系统建设的发展趋势

图书馆自动化系统建设带来了技术、资金、人员之间的优化整合，带来了一定范围内图书馆业务协同处理的实现，必将有效发挥最有限资源的最大效益。图书馆自动化系统的建设是未来图书馆自动化建设的一种必然发展趋势和发展方向。

各区域之间的业务协同和资源建设将加强。建设是从整体、全局的角度出发，来实现图书馆业务的协同处理，实现资源的优化配置，为实现全国甚至是全球资源共享创造了环境。国内外都在不同程度、不同规模地开展建设，只是范围和协调建设的程度有大有小：国外建设的范围大都遍布全球，并且各区域之间还加强了协调建设；而国内大部分以某一个行政区域划分为单位进行建设，并且这些区域系统之间并没有实现协调建设。随着自动化系统建设的不断开展和完善，区域与区域之间的协

同建设将显得更加重要。

联机编目依然是建设的突破口。国内外建设的突破点都应该是联机编目和联合目录数据库的建立。同时，联机编目也是建设的必然选择。因为联合目录是实现图书馆之间其他业务实现的基础，所以，在未来建设中，各个建设领导组织将会更加强化合作编目、联机编目的功能。

建设的内容将进一步完善。未来各馆之间资源优势、技术优势和人才优势的整合和发挥，馆与馆之间业务协调处理和资源共建、共享的实现，离不开宏观和微观研究：加强宏观调控，建立和健全组织保障机制；强化共建共享意识，加大资金投入；加快数据标准化和规范化建设；加快人才培养。

第四节　区域性图书馆自动化系统建设的可行性分析

区域性图书馆自动化系统建设的有效运作离不开经济、管理和技术方面的支持。经济上主要表现在区域性建设过程中，各业务开展的充足经费保障。管理上表现在需要有一个协调管理机构和相关规定，以及有关的法律法规来实现区域性建设健康、稳定、有序的发展。技术上主要体现在不同图书馆自动化系统异构系统互联。

一、管理层面上的可行性

随着社会经济与教育事业的不断发展，以及全国信息资源共享大环境的形成，图书馆在经济、政治以及精神文明建设方面的重要性越来越得到人们的认可和使用。区域性自动化系统建设，当它拥有一个能够进行有效管理和协调的组织机构，一定的政策法规和规章制度时，就能有序地运行并获得效益。从管理的层面上看，区域性的协调机构必须是一个能够统筹考虑，从本地区不同系统图书馆自动化建设的实际水平出发，制定区域性自动化系统建设的具体模式和发展方案，可以对建设的整体目标、措施、各成员馆权利与义务、建设业务的组织、评价与监督机制等进行统一规划的有效的管理组织。有效的管理组织可以领导区域性建设向更好的方向发展，既能保证区域内部建设的协调性，又能兼顾兄弟地区和全国建设的整体性，营造出现代信息资源共享的基本框架和良好的建设机制。

今天，国内已经建立了不少国家或者区域性的图书馆组织，如区域性图书馆联盟、高校图工委、CALIS系统。这些组织可以是不同区域性建设的领导组织，拥有可操作性强、互惠互利、严密而详细的规章制度和管理守则，有一定规模的成员馆，同时还规定了各成员馆的权利和义务、制定本地区内图书馆事业近期和长期的发展规划，制订各阶段实施的具体计划，规定各成员馆合作的项目。有的组织还要求各成员馆签订一些共同的合同或者协议，要求他们从思想上破除本位主义，树立全局观念，正确对待业务协调中的各种问题，把本馆建设看成是整个地区自动化系统建设的一个子系统。这些组织将有序、有效地保证我国图书馆自动化系统区域性建设的顺利进行。

（一）高等学校图书情报工作指导委员会

高等学校图书情报工作委员会，简称"高校图工委"。它是教育部下属的，是高校图书馆的协调机构，主要是从宏观上指导当地高校图书馆现代化建设事业的发展，发挥协调、咨询、研究和指导的作用，在接受教育部委托承担任务时，又有一定的行政职能。除有全国高校图工委之外，在全国还设有许多地方高校图工委。例如，江苏省在省教育厅高教处的统筹安排和支持下，以省高校图工委为龙头，建设了本地区高校图书馆自动化系统的联合建设。高校图工委作为本地区图书馆事业发展的行政组织，为领导区域内图书馆自动化系统建设提供了可行性。

(二) 中国高等教育文献保障系统

中国高等教育文献保障系统（China Academic Library & Information System，简称CALIS），它是经国务院批准的我国高等教育"211工程"总体规划中的两个公共服务体系之一，是网络环境下以中国教育与科研网（CERNET）为依托的一个文献信息资源共享系统。它以文献资源的"共建、共知、共享"为理念，旨在以丰富的文献信息资源、先进的技术手段和便利的服务体系为中国高等教育的发展提供资源保障，推动全国高校馆向自动化、网络化的方向发展。目前，CALIS系统已建立了四级保障体系，它的300多个成员馆遍及全国27个省、市、自治区，组织结构非常严密。除了挂靠在北京大学图书馆的全国管理中心这一最高领导机构外，下面还设有8个地区中心和20多个省中心，每一个地区中心或省中心可以担当一个次联盟（Sub-consortium）的角色，负责领导地区或各省的图书馆区域性自动化系统建设。

今天，CALIS系统已不仅仅局限于高校图书馆，还包括公共图书馆和专业性图书馆及其他一些图书情报单位等。它已实现了系统的六大功能：文献信息检索、联机合作编目、文献采购协作、网络资源导航、馆际互借、文献传递，建成了中国现代化高等教育文献保障体系的基本框架，已初步建成具有中国特色、并有世界先进水平的数字图书馆基础设施和文献信息综合服务体系。由于CALIS取得的巨大成就，我们在区域性自动化系统联合建设过程中，可以考虑由CALIS系统牵头，以它目前形成的各个地区中心为区域划分，实现区域性的建设。

（三）区域性图书馆联盟

区域性图书馆联盟是指为了实现资源共享、利益互惠的目的，而在一定区域范围内形成的受共同认可的协议和合同制约的图书馆联合体。联盟的模式多种多样。有为了降低费用而合作购买数据库的使用权而建立起来的联盟，也有组织严密、有专职人员、共享自动化系统并开展多种活动的联盟；有仅限于一城一地的联盟，也有省际、州际甚至国际的联盟；有成员馆资格严格控制的联盟，也有同类图书馆或多类图书馆的联盟；有政府出资的联盟，也有自筹资金或两者兼而有之的联盟。不管哪种形式的区域性联盟都能够充分利用地域上的便利，在资源协调、联机编目、联合目录、馆际互借、文献传递等方面有着其他组织没有的优势，可操作性比较强，所以发展非常快。因此，在数字化、网络化的环境下，由区域性图书馆联盟来领导区域性自动化系统建设，具有很强的可行性，是实现信息资源共享的重要途径，也是推进国家信息化的重要举措。

二、经济层面上的可行性

在当今社会文献信息量急剧增加，期刊价格不断上涨，图书馆经费日益紧张的情况下，任何一个图书馆不可能也没有必要将所有的信息收集齐全，为本馆用户提供服务。另外，由于历史和体制问题，长期以来，我国的图书馆一直处于条块分割的状态，各馆在自动化系统建设时，自筹自建，自给自足，盲目进行馆藏资源的数字化和资源的采购，这使得我国很多地区图书馆的自动化系统建设存在低水平盲目重复建设现象，造成了人力、物力和财力的严重浪费。

任何一家图书馆因其任务、目标、服务对象的不同，其资源建设都有相对薄弱的地方。尤其是一些昂贵而又重要的外文文献，会存在一定的资源缺口，满足不了本馆读者的全部信息需求。而区域性自动化系统建设本身就是号召一定地理范围、某一系统内的各个图书馆，走合作发展的道路，实现图书馆业务的协同处理，以集体优势获得更多、更大的整体效益，使有限的资源得到最合理的分配与使用，以最小的投入获得最大的回报。

（一）统一规划将减少建设经费

区域性图书馆自动化系统建设是在统一机构的领导下，有秩序、稳步进行的一种协调建设活动。这些区域性建设要么实行集中式管理，要么实行分布式管理，不论采取怎样的管理方式，它们都有统一的规章制度、详细周密的实施计划、各个阶段的建设目标、近期与长期的发展规划以及各成员馆的权利与义务等。它们还建立了一套严格的奖惩制度，对积极完成任务的图书馆给予一定物质或精神上的奖励，对于不照章办事的图书馆将会采取一定的惩罚措施，甚至将其剔除出该联合组织。区域内各图书馆在统一管理、集中服务、分散建设理念的制约下，将本馆看成是本地区自动化系统建设的一部分，按照统一规划，确定自己所承担的文献收藏任务，加大特色资源的建设，实现各馆业务的协同处理。这些必将减少各成员馆自动化系统建设的经费。

（二）业务协同处理将节省资源保障经费

图书馆业务的协同处理将使各个成员馆的经费使用结构发

生改变。1.联机编目。区域性联盟组织可以选择通过数据汇总建立集中式联合目录或者通过跨库检索技术实现分布式联合目录，这样区域内的各成员馆就可以分享更多馆的书目信息，实现书目数据的共享。同时，各个成员馆既可以下载本馆所需的书目又可以上传各种新的书目数据，这样既可以节省个馆构建书目数据库的经费，又减少了人力和物力的浪费。2.联合采购。联合采购实际上就是一个一定范围内文献信息资源协调建设的规划。这样做可以减少区域内的重复采购，并利用集团采购的价格优势为各馆节省更多的图书经费，让有限的资金得到最合理的使用。在国外，如美国加利福尼亚州立大学的23个校区成立了一个联合协议组织，专管联合购买协议事务。在国内，则大部分是以集团采购的方式，采购最紧缺的文献资源，尤其是一些外文数据库。馆际互借和文献传递，这两者可以部分取代文献的订购，使本馆能够充分利用其他馆的馆藏资源为其读者提供尽可能多的信息资源。这两者可以使本馆合理利用其他馆的馆藏资源，一定程度上将降低各馆资源的保障经费，减轻一些中小型图书馆的经济负担。

联合采购、联合编目、共建书目信息、馆际互借、文献传递等图书馆业务的合作进行，将会在最大程度上节省图书馆的使用经费，以最小的投入获得最大的回报。另外，在"总/分馆制"的建设模式下，各地区图书馆选用的都是先进的自动化系统，采用大型的数据库，像Oracle、Sybase等，并不断升级自己的产品，总是保持系统的先进性，来适应长远发展的需要，为图书馆节省了大量经费。同时，有些馆还可以利用节省下来的资金与人才资源，用于新技术的开发与研究，进行深层次的信息挖掘和服务。区域内图书馆自动化系统建设是一种符合人们现今对信息技术投资的理性化思路与思想的做法，必然能更好地适应国家信息资源共建、共享的需求，有更大的发展前景。

三、技术层面上的可行性

随着网络技术不断发展，一些异构系统互联方案不断产生，一些应用系统、互联协议（如 Z39.50, OAI）不断开发和使用，这些为自动化系统区域性建设的实现与开展提供了技术保证。实现不同自动化系统的互联方法有两种：一种是利用对多数据库进行分布式并行检索，然后集中呈现结果的解决方案，如 Z39.50 协议；一种是基于元数据收割，形成集成数据库的集中式解决方案，如 OAI 协议、流通互换协议 NCIP 等。如今有许多基于这两种协议的软件产品，这些为实现不同系统的互联提供了技术上的保障。

（一）异构系统互联技术

目前，针对异构的数据源，我们可以通过以下几种方法实现互联：一是将原有的数据移植到新的数据管理系统中来，为了集成不同类型的数据，必须将一些传统的数据类型转化成新的数据类型。它的缺点是随着数据管理系统的升级，原来数据的相关应用软件可能被废弃或是重新开发，以适应新的数据管理系统。因此，这通常不是一个实际的解决方案。二是利用中间件集成异构数据库，该方法不需要改变原始数据的存储和管理方式。中间件位于异构数据库系统（数据层）和应用程序（应用层）之间，向下协调各数据库系统，向上为访问集成数据的应用提供统一数据模式和数据访问的通用接口。各数据库仍然完成它们的任务，中间件系统则主要集中为异构数据源提供一个高层次检索服务。可见，中间件系统模式是实现异构数据集成较理想的解决方案。三是综合利用现有的低成本数据转换工具，这是一种成本低且易实现的集成方法。这些工具包括如：Power Builder 的 Data Pipeline，SQL Server 的 DTS，Oracle 的 SQL 3Loder 等，它们可以实现各种异构数据库系统和文本、电子表格等文件系统格式的数据的整合和集成，并针对具体的每个分系统编写具体的数据转换代码，来一起完成从原始数据采集、错误数据清理、异构数据整合、数据结构转换、数据转储和数据定期刷新的全部过程。异构系统互联技术可以对不同的图书馆进行整合，实现异购数据源的集成、转换，构建一个大的共享数据库，为用户提供统一的检索界面。

（二）国际互操作协议

目前国际通用的互操作协议主要有 Z39.50 协议、OAI 协议和流通互换协议等。

Z39.50（信息检索应用服务定义和协议规范，Information Retrieval Application Service Definition and Protocol Specification），是由美国图书馆界创立的计算机数据库网络互联通信协议。它经历了 3 个版本，分别是 Z39.50-1988，Z39.50-1992；Z39.50-1995。Z39.50 目前的版本 3 已经于 1996 年被 ISO 正式确定为信息检索的国际标准（ISOZ3950）。Z39.50 是开放系统互联参考模型（OSI-RM）的应用层协议，论及面向连接的、程序间的通信问题。它使得用户在一台计算机（Client）上检索存储在另一台计算机（Server）中的信息，而不必关心这些信息是如何存储和组织的。它的出版及使用解决了不同系统间的数据交流，克服了不同数据库之间的异构问题，解决了信息检索网络化的障碍，从而提高了检索效率，扩大了检索范围。它已经被软件公司、图书馆用户、数据库资料中心等有关单位广泛接受。该协议规范分为两个部分:由客户机(Z-client)实现的协议过程及由服务器(Z-server)实现的协议过程。源端(Origin)和目的端(Target)通过应用联动(A-association)中的Z39.50联动(Z-association)进行通信,实现信息交换,信息分别称为请求和响应。

　　Z39.50主要包含11种机制,其中,比较核心的机制包括初始(Initialization)、查找(Search)、检索(Retrieval)等。Z39.50能够表述抽象、复杂的搜索,使Z-client提交复杂的数据、记录和语法来实现其他信息检索功能(例如扩展服务和权限控制)而且可行。它可以实现文件排序,更新数据库,查询的定义、控制和存储等功能。Z39.50的基本技术构架简单,但是分支复杂,涉及面广。Z-client能同时发送给几个图书馆相同的或不同的查询,并可以合并相似结果,当使用者查找偏僻的主题,或者查到大量记录结果的时候,这种特点可以极大地节省时间。可以通过Z39.50规定的基本的查询和检索功能,实现图书馆之间通过各种方式交换数据记录。通过使用Z39.50作为基础,许多图书馆的业务可以公开化、标准化。Z39.50协议是为了实现文献资源共享,便于计算机系统互联而制定的标准集,其目标是便于数据库用户和数据提供者之间开放连接,这样用户在查询各地不同的数据库时,就不再受不同登录环境、不同界面的影响了。通过这个标准,为用户共享资源、获取信息提供了方便,并逐渐为世界图书馆所接受。

　　OAI(Open Archives Initiative)指的是开放存档倡导,它的目标是发展和促进在互操作能力方面的系列标准,以方便内容数据的高效分发。OAI的起因是为了加强以学术交流为目的的对电子印刷文档的访问,要保证科学数据在将来也可以被访问的需求。OAI的出现使访问、使用学术信息的方式发生了一个根本性的改变。目前，我们可以通过OAI协议，利用网络采集、组织和存储元数据，通过元数据的互操作，屏蔽科学数据的异构性，为用户提供一个统一、透明、高效的数据共享平台，从而实现科学数据和信息资源的共享。OAI最初起源于电子出版界的互操作项目，目的是开发并推广开放互操作协议标准，实现异构仓储的统一检索。它主要由数据提供者（Data Provider, DP）、服务提供者（Service Provider, SP）组成。DP将自己拥有的元数据用公共元数据格式（Dublin Core）表达，并通过OAI协议提供统一的标准化接口，向外部揭示自身的元数据。SP则通过OAI协议获取数据提供者的元数据，并以这些元数据为基础为用户提供进一步的信息增值服务。该方法有效地解决了各资源库在元数据格式上可能存在的异构性问题，实现跨资源库检索。OAI是一个技术门槛较低的、简单有效的协议，这样就可以允许更多机构花费较少的成本来提供元数据，进而更有效地共享数字资源。目前，基于OAI协议的Harvesting的联邦搜索是研究与开发的热点，一些著名的项目，如NDLTD和NSDL均采用此方法作为互操作的解决方案。由于OAI比较新，有些元数据收集的重要问题尚未涉及，有一定的局限性。如：没有规定如何选择数据源、没有强调如何实现服务提供者、互操作框架存在元数据的同步更新问题等。

（三）系统互联软件的开发

目前，国外大部分的图书馆自动化集成系统都支持联合编目和馆际互借等功能，如Unicorn系统、Horizon系统、Aleph系统等。国内只有部分系统具有这些功能。随着技术的不断进步和图书馆自动化系统的不断更新与升级，一些第三方软件公司在不同的自动化系统互联技术方面开发了一些成熟的产品。

这些产品支持馆际互借、联机编目、文献传递、联合目录查询、联合采购等服务功能；支持分布式信息存储，支持扩展的 WebPAC 的服务；通过互联网，将传统的书目查询服务扩展，在读者信息修改、续借、预约、推荐资料等功能的基础上，增加了咨询和实时咨询、BBS 平台、电子资源管理、全文链接；相关信息关联（广播式查询、跨库检索、网络桥等）；支持解决相关信息整合的问题；支持分馆管理和联合目录：通过分馆管理模块，实现信息的局域管理；实现系统内对联合目录数据的无缝连接；兼容多种元数据格式：提供读者认证的个性化服务等。

各馆在选购这些软件时，缺少技术与采购指导，因此区域性建设的领导组织就应该做好这方面的协调与指导。如果各个图书馆已经进行自动化系统建设，那么区域性领导组织就应该考虑做好相应的技术开发和标准制定，从技术上保障异构系统的互联和数据建设的标准化，为实现各馆业务的协同处理奠定技术基础。例如，当前的 Z39.50 协议的使用，就是一种分布式的检索协议。如果目前各个图书馆没有进行自动化系统建设或者正处于系统更换时期，那么区域性领导组织就应该考虑让其成员馆选择使用相同的一种或者几种兼容的图书馆自动化系统。选择使用相同的图书馆自动化系统，可以保证各种系统的相互兼容，最大限度地保障区域性建设的顺利开展，实现馆际互借、文献传递和联合采购等服务功能。例如，Horizon 系统软件本身就支持不同馆之间的馆际互借、文献传递、联合采购、联合编目等功能。无论是异构系统互联技术的开发和数据标准化的制定，还是选择使用相同的图书馆自动化集成系统，它们都是满足图书馆区域性自动化建设的重要技术途径。

第四章

图书情报与信息管理导论

第一节 文化基础知识

图书与情报科学在社会发展中占据着重要的地位。图书与情报科学是社会科学的两个综合性的学科,它是将图书馆学与情报学合二为一,变成一个有机整体,为人们的信息需求提供最大的便利性。图书情报学是指图书馆业务学科和情报信息学科结合的一门学科。进入21世纪,随着科技的飞速发展,世界各国的联系不断加深,图书情报学界以空前高涨的热情和异常活跃的思维开展世纪之交的图书情报学研究。在总结20世纪图书情报事业发展历程和经验教训,盘点图书馆学、情报学的知识积淀和学术成就的基础上,图书与情报科学在未来的发展会取得更大的进步。

通过国内外对图书情报学的相关研究来看,我们很容易看出图书与情报管理在很多国家都被视作一个有机的整体。例如,在日本,既有图书馆情报大学,又有文部省所属的情报图书馆科(现已改为学术情报科)之称。可见,现在已不是单说图书馆,而是把图书馆与情报这两个名称结合起来了。如果把当初的图书馆比作一个细胞的话,那么,诸如文献学、情报科学、情报学这些名称就是图书馆这个细胞所分裂出来的另一个细胞。这两者曾有一段时间处于对抗状态,后来又渐渐融合,但仍然停留在两个细胞的范围里。再后来,由于相关学科的细胞的加入,遂发展到形成合二为一的专门领域的阶段。至此,我们已大致明确了图书馆情报学以及其他构成要素的相互作用。图书情报专业的研究主要包括了图书馆学、情报学、档案学等内容,其中既包括信息，又涉及管理，范围十分广泛，对需要进行数据信息查询、使用的读者来说，十分便捷且有必要，是未来图书馆及情报信息发展的一个趋势。

一、图书情报学的内容

图书与情报科学包含的内容十分广泛，从图书馆学、情报学，到文献学、目录学、经济学、统计学、传播学、历史学、语言学、逻辑学等，包罗万象。其中，最重要的内容就是图书馆学与情报学的内容。

（一）图书馆学包含的内容

图书馆学是研究图书馆的发生发展、组织管理，以及图书馆工作规律的科学。它主要包含的内容有：

（1）信息资源建设；

（2）信息组织与信息检索；

（3）图书馆用户和图书馆服务；

（4）新技术在图书馆的应用；

（5）图书馆的管理与图书馆事业的发展。

（二）情报学包含的内容

情报学是研究情报的产生、传递、利用规律和用现代化信息技术与手段使情报流通过程、情报系统保持最佳效能状态的一门科学。它使人们正确认识情报自身及其传播规律，充分利用信息技术和手段，提高情报产生、加工、贮存、流通、利用的效率。情报学的主要内容有：

（1）情报的产生、内容、特点和结构；

（2）情报的传播、交流和利用；

（3）情报的贮存和检索；

(4) 情报的标准与规范；

(5) 情报系统和网络；

(6) 情报用户和情报需求；

(7) 情报的大容量存储和高速传递；

(8) 情报学与相关学科；

(9) 现代化信息技术和手段在科学情报领域；

(10) 情报的经济学与社会学。

二、图书情报学研究的目标与意义

随着信息技术的进步和消费者需求多元化的影响，加之图书馆学与情报学自身的发展需要，图书馆学、情报学的研究发展也不断发生着变化，但图书馆学、情报学归根到底是应用服务型学科，所以图书情报学发展的总体方向应是拓宽服务领域，深化服务内容。在新时代、新要求下，它的发展目标与意义是：

（一）为社会发展提供服务

现今社会，评价任何一个事物、一个体系的好坏，主要看其能否适应现代社会多元化的要求。现代社会是一个知识和信息高度流通的时代，知识和情报已成为重要的经济资源，图书馆应充分发挥其资源优势、技术优势和人才优势，为社会大众和企业提供服务。

首先，图书馆开始为民众承担多方面的教育任务，例如：开展使用图书馆和电子资源的检索和利用等培训；向用户提供数字化的学习资源，提供网上咨询与解答等全方位的信息服务，便于读者掌握科学的学习方法，及时获取他们所需的信息。其次，图书情报机构应为企业提供高质量的信息服务。通过为企业提供市场信息和技术资料，分析竞争对手情报，为企业培养情报人才等，帮助企业及时了解市场的行情和前沿动态。另外帮助企业学习国家政策的指导和法律，从而使企业各项经济活动沿着正确的方向发展，促进企业发展。

（二）为特殊群体开展服务

以人为本，体现在图书馆学、情报学的服务中，每一位读者都需要得到尊重、关爱和平等对待。图书馆学、情报学的服务对象范围不应仅局限于社会大众，还应该逐渐加深对一些特殊群体（如小学生、老年人、部队人员、监狱在押人员等）的读者服务，其服务领域将不断扩大，服务形式也必将不断深化。

在以往针对读者服务的过程中，图书馆面向社会大众的服务居多，我们很少关注到那些特殊群体阅读的特殊性和真正需求，在这方面可借鉴的历史经验也较少。图书馆应关注特殊群体的内心需求，掌握特殊群体的基本情况，做好需求研究，围绕他们当前的需求和潜在需要展开长期的追踪研究，从而提供相应载体的资料供其学习。另外，充分利用舆论宣传工具，如电视、网络、报纸期刊等各种媒体宣传图书情报知识的作用及其对个体和社会所带来的积极影响，呼吁全社会重视和关注特殊群体的需求，诚邀社会机构或团体加入图书馆对特殊群体的服务中来。通过与社会机构或者团体之间建立良好的沟通基础，借助他们的力量共同为特殊群体提供图书服务。

（三）为其他学科提供服务

在现如今开放式的发展环境中，图书馆学、情报学内容逐渐完善，领域广，与其他学科交融关系越来越密切。这些促使图书情报学加强与其他学科间的相互交叉、渗透，不断地向其他学科领域提供研究方法。今后随着图书馆学、情报学理论体系的完善，其研究方法和研究内容对其他学科的发展一定会具有越来越重要的借鉴意义。除了图书馆学、情报学可以促进其他学科体系发展之外，随着图书情报机构服务的深化和发展，图书情报学科可以进一步发展自身的优势，利用自身学科的研究方法，对复杂的信息进行整理加工，为其他学科提供各种文献分析、数据处理、信息跟踪的方法技巧等，帮助其他学科做好科研工作，从而为其他学科的研究提供服务。

通过对国内外图书情报学学科热点进行研究，不仅有利于掌握国内外图书情报学研究的发展动态，同时有利于了解国内外图书情报学领域的重点研究机构、研究项目与研究方向。相关研究迹象表明，国外图书情报学的理论研究与实践对国内图书情报研究与实践产生了重要的影响，迄今为止，国内图书情报学研究总体上仍滞后于国外的发展，但在局部领域也不乏一些具有自身价值和优势的研究成果。如何理性看待国内外图书情报学研究热点之间的关系？国外研究对国内研究将产生怎样的影响？未来学科发展趋势如何？对这些问题予以明确并进行深入探讨，将有利于指导国内图书情报领域有效开展原创性与跟踪性研究，推动事业沿着理性、健康的轨迹顺利发展。

图书与情报科学的发展对图书馆信息事业有了一个质的推进作用。随着知识经济和信息经济时代的到来，图书馆事业定将得到空前的发展，图书馆学在为经济、政治、文化、教育和科学研究服务方面必将发挥更加重要的作用。图书情报学的发展意义不在于它的本身得到了巨大的变革与发展，它最大的意义就在于其发展是随着社会需求的发展而发展的，它的发展最大限度地满足了人们对于图书馆信息情报的多元化需要，极大地提高了社会工作效率，这才是图书与情报科学的核心价值。

第二节　图书情报与信息管理理论知识

一、档案收集

(一) 档案收集工作的意义

档案收集工作是整个档案工作中极为重要的一个环节，与档案工作中其他各项工作比较起来，它处于一种特殊的地位，做好档案收集工作对整个工作都具有重要意义。

(1) 收集工作是档案工作的起点，是档案业务基础工作中的基础，档案的收集，就是整个档案馆（室）取得和积累档案的一种手段；

(2) 从组织整个国家档案工作来说，档案的收集工作是贯彻集中统一管理原则的一项重要内容和首要的具体措施；

(3) 从收集工作质量高低的影响来说，它直接关系到档案工作的其他环节。

(二) 档案收集工作的要求

(1) 丰富馆藏；

(2) 加强馆外调查和指导；

(3) 推行入馆档案的标准化；

(4) 保持全宗和全宗群的不可分散性。

(三) 机关内文件的归档

二、档案整理

(一) 档案整理工作的内容

(1) 在正规的工作条件下，档案室所接收的是文书部门和业务部门按照归档要求立好的案卷，档案馆接收的是由机关档案室根据入馆要求整理移交的案卷；

(2) 对整理不善的档案进行局部调整；

(3) 零散文件的整理。

(二) 档案整理工作的原则

(1) 档案的整理必须保持文件之间的历史联系，历史联系主要表现在文件的来源、时间、内容和形式等几个方面。

(2) 档案的整理应该充分利用原有基础。原有基础指：第一，充分重视和利用先前整理的基础，以确定档案整理的任务和要求，勿要轻易打乱重整；第二，在档案整理过程中，应该充分研究和利用原来整理的成果，不要轻易破坏以往整理和保存的历史状况。

(3) 档案的整理必须便于保管和利用。

(三) 全宗

(1) 概念：全宗就是一个独立的机关或著名人物在社会活动中形成的档案的整体。

(2) 意义：区分全宗是档案整理工作的首要环节。全宗不仅是个整理方法问题，也是一条原则、一种理论，称为全宗原则或全宗理论。全宗理论是在档案集中管理过程中产生的，是随档案工作的发展而不断完善的。全宗理论的确立，对档案室、档案馆档案的管理有重要的组织作用。全宗理论发展的历史，是与档案整理的不同原则联系在一起的。

(四) 全宗构成的条件和立档单位

形成全宗的机关，称为立档单位，又称全宗的构成者。一个机关就是一个立档单位，一个立档单位形成的全部档案就构成一个全宗。

(1) 构成条件：第一，可以独立行使职权，并能主要以自己的名义单独对外行文;第二,是一个会计单位或经济核算单位,自己可以编造预算或财务计划;第三,设有管理人事的机构或人员,并有一定的人事任免权。三个条件是统一的,是从不同侧面反映一个单位的独立性。最基本的是第一个条件。在分析或研究一个组织单位能否构成一个立档单位时,应当明确机关的大小和档案数量的多少,并不影响它成为立档单位。有的组织单位也可能不完全具备上述三个条件,但它实际上却是一个独立的机关,或由于某种特殊需要,它所形成的档案也可以构成一个全宗。

(2) 立档单位

(五) 立档单位的变化和全宗的划分

机关单位的增设、撤销、合并以及机关名称的改变、职权范围和隶属关系的调整等各种变化,有的会影响全宗的划分,有的则不涉及全宗的变化。研究某一立档单位是否有根本性的变化,主要应该从立档单位的政治性质、生产关系性质和基本职能等几个方面去考察。

(六) 人物全宗

人物全宗就是社会知名人士(如社会活动家、科学家、作家、艺术家、教育家等)在其一生活动中形成的档案整体。人物全宗包括个人的著作、手稿、日记、信件、遗嘱以及记载个人(包括家族、家庭)社会活动的全部材料,还包括别人所写的和收集的与人物全宗构成者个人、家庭、家族有关的材料,以及直系亲属能够说明立档单位情况的材料。

(七) 全宗的补充形式

(1) 联合全宗,是若干独立机关形成的档案,由于混在一起难以区分立档单位而联合组成的一个全宗。

(2) 全宗汇集，就是由档案数量极少的若干全宗，按照一定的特点组成的一个全宗集合单位。

(3) 档案汇集，就是由不明所属全宗的零散残缺文件，按照一定的特点集中起来的混合体。

(八) 全宗群

整理和管理档案，不仅要注意全宗的完整性，还应该注意全宗之间的相互联系。

(九) 全宗的编号与排列

1. 通常涉及档案管理中的三个环节

(1) 全宗的编号一般是在档案馆接收全宗时，于全宗名册上登记编定的，它属于统计工作的一个具体的技术项目；

(2) 全宗在库房内如何排列存放，属于保管工作的范畴；

(3) 全宗号的编定，它作为档号的组成部分填写于案卷封面，全宗的系统排列等也属于档案的基本编目和系统化的课题。

2. 全宗号的编制和使用方法

(1) 按国家档案全宗的三部分各依全宗进馆的时间顺序分编流水号；

(2) 按本馆全宗的时间、地区、性质等分编流水号；

(3) 所有全宗一律按进馆顺序统一编定流水号；

(4) 按全宗的重要程度编号；

(5) 按全宗群连续编号；

(6) 按全宗群留空统编全宗号；

(7) 分组单编全宗号；

(8) 多级分类单编全宗号；

(9) 编大全宗号；

(10) 对一部分全宗实行等级分类编号，另外一部分全宗实

行序时流水编号。

尽管十多种具体的编号方法各不相同，但就其主要特点来说，可概括为两种类型：序时流水编号法和体系分类编号法。前者也可简称流水法，后者可简称分类法。

流水法，无论是一律大流水，还是先分类别，而对每个具体全宗的排序和给号，都是依时顺列。分类法，无论是统编号还是分编号，无论是一次划分还是多层分类，而对每个具体全宗的排序和给号，主要不用序时方法，而用逻辑方法。对全宗编号，主要应采用流水编号的方法。

（十）分类的一般方法

（1）按文件的产生时间分类，具体包括年度分类法、时期分类法两种；

（2）按文件来源分类，包括组织机构分类法、作者分类法、通讯者分类法三种；

（3）按文件的内容分类，包括问题分类法、实物分类法、地理分类法三种；

（4）按文件的形式分类，包括按文件的种类来分类、按文件的制成材料分类、按文件的形状分类三种。

（十一）常用的分类方法

（1）年度分类法，也称年代分类法，就是根据形成和处理文件的所属年度将全宗内档案分成各个类别。

（2）组织机构分类法，就是根据文书处理阶段形成和处理文件的承办单位进行分类，即按照立档单位的内部组织机构将全宗内档案分成各个类别。

（3）问题分类法，就是按照档案内容所说明的问题将全宗内档案分为各个类别。

(十二) 分类法的选择和分类方案的编制

(1) 组合分法：年度—组织机构分类法；组织机构—年度分类法；年度—问题分类法；问题—年度分类法。

(2) 分类方案：为了便于对全宗内档案具体地进行分类，在选定某种分类方法之后，就应编制一份"分类方案"。分类方案，就是标列各个类目名称，表示全宗内档案分类体系的纲要，所以又称"分类大纲"。分类方案的类目力求明确和具有系统性。

(十三) 机关内党、政、工团档案分类

(1) 在一个全宗内，首先将档案分成党政工团等若干部分，在每一部分中再分类整理；

(2) 在全宗内，先将机关内最高机构和各单位的档案分别分成党政工团若干部分，再在每一部分中继续分类整理；

(3) 全宗之内的档案首先按年度分类，每年度分成党政工团若干部分，再继续分类整理；

(4) 在全宗内，只分党政两大部分，或在每一年分两部分。

(十四) 人物全宗内档案的分类

(1) 生平传记材料；

(2) 创作材料；

(3) 公务活动材料；

(4) 个人书信；

(5) 经济材料；

(6) 亲属材料；

(7) 评价材料；

(8) 音像材料；

(9) 其他材料。

(十五) 立卷

(1) 定义：一个全宗的文件经过分类之后，各个类内都有相当数量的文件，还要进一步系统化，将若干文件组成案卷，称为立卷，也称组卷。

(2) 立卷工作的内容：组成案卷单位，拟写案卷标题，卷内文件的排列与编号，填写卷内文件目录与备考表，案卷封面的编目与案卷的装订。

(3) 意义：案卷是密切联系的若干文件的组合体，它是档案的保管单位，通常也是统计档案数量和进行检索的基本单位之一。案卷是组成全宗的基本单位。立卷是档案整理工作的重要基础。

(十六) 案卷组合方法

主要是根据文件构成的特点，将具有某方面共同点和联系密切的文件综合在一起组成一个案卷。一些具有不同特点、联系不密切的文件，可以分别组成案卷。立卷的"六个特征"：

1. 按问题立卷；

2. 按作者立卷；

3. 按文件名称立卷；

4. 按时间立卷；

5. 按地区立卷；

6. 按收发机关立卷。

(十七) 卷内文件整理

内容：卷内排列和编号，填写卷内文件目录和备考表。

(十八) 案卷封面编目和案卷装封

1. 主要项目包括：立档单位名称、组织机构名称、案卷标题、卷内文件的起止日期、总页数、保管期限以及全宗号、案卷目录号、案卷号等。

2. 拟写案卷标题以及整个案卷封面编目的基本要求：

（1）历史观点和政治上的正确性；

（2）文字简练，表达准确；

（3）标题基本结构力求完整。

（十九）类内案卷排列和案卷目录

1. 案卷排列：全宗内档案，经分类、立卷以后（或档案馆、档案室接收的案卷），还必须进行系统的排列。全宗内各类的序列，已在分类方案中排定，所以通常所说的案卷排列，就是根据一定的方法，确定每类内案卷的前后次序和放的位置，保持案卷与案卷之间的联系。

2. 案卷排列的方法

（1）可以按照案卷所反映的工作上的联系来排列；

（2）可以按照案卷内容所反映的一定问题来排列；

（3）可以按照案卷所属的起止日期（时间）来排列；

（4）也可以按照文件的作者、收发文机关以及文件内容所涉及的地区来排列；

（5）人事档案或监察、信访等按人头立成的案卷，还可以按姓氏笔画、汉语拼音字母顺序或四角号码等方法排列。

3. 案卷目录：一个全宗内的全部档案，经过分类、立卷进行了系统的排列以后，应当将案卷逐个登记到案卷目录上。案卷目录也就是案卷的名册，是著录案卷内容成分并按一定次序编排的一览表。

4. 案卷目录的作用

（1）固定全宗内档案的分类体系和案卷排列顺序，最后完成档案整理工作；

（2）介绍全宗内案卷的内容和成分，是查找利用档案最基本的检索工具，也是编制其他检索工具的基础；

（3）它是档案登记的基本形式，也是统计和检查档案的重要依据。

5.案卷目录的类型和选择：综合目录和分册目录。分册目录又可分为：

（1）以全宗内档案分类的类别为单位编制的案卷目录；

（2）按保管期限编制的案卷目录；

（3）按保管期限结合分类方案编制的案卷目录；

（4）按机密程度分别编制。

6.案卷目录的结构：封面和扉页，目次，序言或说明，简称表，案卷目录表，备考表。至少一式两份，一般一式四份为好。以全宗为单位编定各本目录的顺序号，称作"案卷目录号"，简称"目录号"，是"档号"的重要组成部分。

（二十）档案整理工作的组织

（1）档案整理工作基本程序：区分全宗、分类、案卷的编立、案卷排列以及编制案卷目录等主要步骤。

（2）档案的系统化与基本编目。

（3）现行机关档案整理工作的组织：归档制度与档案室档案整理工作的关系；档案形成过程中划分全宗和分类；档案形成过程中案卷的编立和目录的编制工作。

（4）积存档案和零散文件整理工作的组织：整理工作方案，对立档单位的历史沿革和档案状况的态度，零散文件的整理程序。

（二十一）档号

（1）使用的混乱现象：一是档号残缺不全，馆内许多全宗没有全宗号，全宗内许多案卷目录没有目录号；二是编号重复，一个馆内有相同的全宗号，一个全宗号内有相同的目录号，一本案卷目录中有相同的全宗号，一卷之内有相同的文件页码。

（2）组成：全宗号、案卷目录号、案卷号和卷内文件页（张）号。对不装订的案卷，往往还编有文件的件号。

（3）档号的使用规则要求：档号要完整成套，一般说上述几部分档号均应编排。

一个档案馆内的全宗号不能重，一个全宗内的案卷目录号不能重，一本案卷目录中的案卷号不能重，一个案卷之内的文件件号、页号也不能重。

三、档案鉴定

（一）档案鉴定工作的内容

一方面确定哪些档案应该保存，保存多长时间；另一方面确定哪些档案不予保存，进行销毁。

（二）档案鉴定工作的意义

（1）如果无论档案有无价值和价值的大小，全部加以保存，而且还会源源不断地涌进新的档案，这样首先就会使原有的档案体系逐渐拥塞庞大起来，有价值的珍贵的档案淹没于大量失去价值的档案之中，不易被人发现或难以找到，因而也就影响了效率，并使档案的效益不能得到充分发挥。

（2）大量失去价值的档案充塞库房，与有价值的珍贵的档案同样进行整理和保管，无疑是浪费人力和物力，相对地延缓有价值的档案的整理速度，妨碍有价值档案保管条件的改善。

（3）如发生突然事变，就不易及时抢救出重要的档案。为了有区别、有重点地保存档案，必须鉴别各种档案的价值，去粗取精，使保存的档案具有较高的质量。

(三) 决定档案保存价值的因素

一方面，档案自身的特点和状况是决定档案保存价值的基础；另一方面，社会利用需要是档案发挥作用的必要条件，是决定档案保存价值的社会因素。两方面的因素是相互作用、辩证统一的。档案客体，是档案社会价值的物质承担者；利用档案的需要，是档案价值实现的社会条件。两方面的因素，都是客观存在的。鉴定档案的保存价值，就是鉴别和分析决定档案保存价值的客观因素，估计和预测每份文件、每个案卷、每部分档案是否有作用，能起什么样的积极作用，以及这种作用的时限，从而确定它们是否需要继续保存，需要保存多长时间。

(四) 鉴定档案的原则

鉴定档案，必须从国家和人民的整体利益出发，用全面的、历史的观点，确定档案的保存价值。

(五) 分析档案价值的一般方法

(1) 分析文件的内容是鉴定档案价值最重要的一个方面。

(2) 分析文件的来源、时间和形式等特点。

(3) 分析全宗和全宗群内档案的完整程度。鉴定档案必须根据每份文件或每组文件的具体情况，一方面分析文件载体上所表现的各种特点，即以文件内容为中心，全面联系地分析文件所属的立档单位、文件的作者、产生时间、名称、可靠程度、有效性和外形特点等诸种因素；另一方面，同时分析档案的被保存程度，即以全宗、全宗群以致馆藏对象，全面联系地分析它的成分及其完整性，在此基础上进一步分析文件自身的有关特点，科学地判定档案的价值。

(六) 关于鉴定档案的方法论问题

(1) 研究档案利用规律，预测未来利用需要；

(2) 研究档案保存的效益；

(3) 掌握档案的重要性和保存时间长短的关系；

(4) 档案保存价值分析的弹性处理方法；

(5) 档案保管期限结构的科学处理。

(七) 档案保管期限表

1. 定义：用表册形式列举档案的来源、内容和形式，并指明其保管期限的一种指导性文件。它是鉴定档案保存价值和确定档案管理期限的依据和标准。

2. 类型

(1) 标准的档案保管期限表；

(2) 专门的档案保管期限表；

(3) 同系统机关档案保管期限表；

(4) 同类型机关档案保管期限表；

(5) 机关档案保管期限表。

以上各类型之间具有一定的相互关系。标准的档案保管期限表对其他几种保管期限表具有指导意义，机关档案保管期限表又必须以标准的和上级机关颁发的各种通用档案保管期限表所规定的保管期限表为依据。各种类型的档案保管期限表不能缩短标准档案保管期限表所规定的保管期限，但可延长保管期限。这种相互制约关系，是社会主义的档案集中统一管理原则的体现，它有利于妥善地制定有关的档案保管期限表和实际确定档案材料的保管期限。

3. 结构：通常由顺序号、条款、保管期限、附注以及总的说明等部分组成，其中条款和保管期限是最基本的项目。条款较多的保管期限表,还须把条款加以分类。

4. 保管期限:分永久、长期、短期三种。永久保存,就是无限期地尽可能长远地保存下去;长期保存,一般是指档案须保存 16 年至 50 年左右;短期保存,一般是指 15 年以下。后两者称为定期保存。定期保存的计算方法,一般是从文件产生后的第二年起计算,有些特殊文件和专门文件可以从其失效、结案后算起。所有确定为定期保存的档案,到保管期满后还须复查一次,如发现有继续需要保存的,仍应保存下去,有的延长保管期限,有的转为永久保存。

5. 不同保管期限的档案构成:列为永久保存的档案,是对社会主义事业的各项工作以至永世具有查考作用的档案;列为长期保存的档案,是不具有广泛社会意义和科学历史意义的,而属本机关在较长时间内进行机关工作需要查考的文件材料;列为短期保存的档案,是低于上述两个层次的,本机关在较短时间内需要查考的文件材料。

6. 编制方法

(1) 准备工作;

(2) 起草工作;

(3) 征求意义和修正草案。

(八) 档案鉴定工作制度的基本内容

1. 鉴定档案的标准;

2. 鉴定工作的组织领导;

3. 销毁档案的批准制度和监销制度。

(九) 档案鉴定工作的组织方法

1. 鉴定档案价值的基本工作方法——直接鉴定法,即直接审查档案。首先,要求鉴定人员根据鉴定档案价值的原则和标准，按照档案的实际情况直接决定其价值。同时，根据档案保管期限表来鉴定档案价值时，也只有在直接审查了档案的实际情况后，才能确切地知道它适合和参照保管期限表的某一条款，确定其保管期限。其次，直接鉴定法要求鉴定工作人员逐件逐张地审查文件，而不是仅仅根据案卷目录和案卷标题就判定其价值。直接鉴定法是保证鉴定工作质量的重要方法。直接鉴定档案一般是以案卷为单位进行的。

（2）现行机关档案价值的鉴定工作。

（3）档案馆档案价值的鉴定工作。

（十）档案的销毁

（1）档案销毁清册；

（2）立档单位和全宗简要说明；

（3）档案销毁方法。

四、档案保管

（一）档案保管工作概述

1. 含义：档案的保管，就是根据档案的成分和状况，所采取的存放和安全防护措施。

2. 内容

（1）档案的库房管理；

（2）档案流动过程中的保护；

（3）保护档案的专门措施。

3. 任务：为了解决安全留存的要求和档案可能损坏之间的尖锐矛盾。档案损坏和遭受破坏的原因，不外乎社会原因或自然原因，或者说是人为因素和自然因素两方面。档案保管工作的任务，就是了解档案损坏规律，通过经常性工作，采取专门的技术措施，最大限度地防止和减少档案的损毁，延长档案的寿命，维护档案的系统性和完整性，保证档案的政治安全。

4. 意义：档案保管工作质量的高低，对提高档案管理水平具有重大的影响。档案保管工作是整个档案工作有机组成部分之一，它与其他环节有着密切的联系，不能离开其他环节而单独存在。档案保管工作不是单纯为保管而保管，其最终目的是为了保证党和国家各项工作对档案的利用。档案的保管和便于提供利用基本上是一致的。

(二) 档案的包装

1. 卷皮：是包装文件的基本方法，不仅是为了保护文件，同时它本身又是案卷的封面，有利于档案的检索利用和取放。要注意其坚韧性，并要防止生虫，适宜于装订或存放不同厚薄的案卷，尺寸应根据文件的大小设计。账本、照片等可不另加卷皮。

2. 卷盒：是一种比较好的方法，不仅能防光、防尘和减少机械磨损，还便于档案的科学管理，搬运起来也方便。卷盒要注意坚固性，防止生虫；开关和档案的取放必须方便，以减少磨损；表面光滑便于除尘，色调宜于暗色不易污染；尺寸必须根据案卷的大小拟定，长和宽可以比案卷稍大一点，高在25厘米以内。对于能够竖立存放的案卷，也可以采用书套式的卷盒。

3. 包装纸：临时措施。

(三) 库房的管理

1. 档案库房编号：一种是为所有的库房编一个总的顺序号，适合于库房较少的档案馆（室）；另一种是根据库房所在地的方位及库房建筑的特征进行分区编号。

2. 档案架（柜）的排放和编号：要求排列一致，横竖成行；

有窗库房的架柜排列，应与窗户垂直，不要有碍通风；架柜排列应注意最大限度地利用库房的地面与空间，但也便于档案的搬运和取放。

3. 档案的存放与全宗排列

（1）在我国一般的档案馆和档案室所保存的档案，都是按照全宗进行整理和保管的，考虑存放时，首先应按全宗来进行，一个全宗内的档案应集中在一起。但是也有特殊情况，如库房或柜架预留的空位已被排满或新入馆的档案不能与先入馆的同一全宗的档案放在一起的时候，可以暂时单独保存，待有可能调整时，再将一个全宗的档案集中起来。又如有的全宗内可能还包括一部分影片、照片、录音带、录像带、技术图纸或会计报表等档案，这些不同类型的档案，可以分别保管。对于暂时或定位分别保管的全宗中的这部分档案，应填写参见卡，把它放在原全宗（全宗主体）存放位置内，指明其存放的地点，以保持其应有的联系。

（2）库房内各个全宗单位，应进行系统排列。全宗排列方法主要有按全宗顺序号流水排列法和全宗分类排列法两种。前者对库房空间和全宗实体的安排比较方便，后者对全宗的系统管理和全宗的信息控制较为有利。在我国，通常采用按全宗群排列的方法，即在保持全宗完整的情况下，安排所有全宗存放地点的时候，尽量将同一时期、同一系统或相同性质的全宗放在一起，以保持全宗与全宗之间的联系。在安排一个全宗内案卷排列次序时，必须严格按照全宗内既定的分类体系和案卷的顺序号进行，以保持案卷之间的联系。

（3）当确定了全宗和案卷的排放次序后，就可以组织上架，上架的次序应根据档案架柜及栏、格的编号次序进行。

(4) 存放方式一般有两种：竖放和平放。竖放是目前采用比较广泛的一种方式，其好处是检取和存放案卷比较方便。平放的方法，虽然取放不方便，但对保护档案是有利的，比较舒展，文件上的"皱纹"日久后就会消失，适合于保管珍贵档案和不宜于竖放的档案，堆叠高度以不超过40厘米为宜。

(5) 库房内档案的存放位置，是以全宗和全宗群理论为指导进行系统排放的，而全宗及其内部成分的具体排列又有自己的特点：一是全宗内档案成分一般按整理编号的顺序排列上架；二是档案馆内全宗的排列则一般不按全宗顺序号，而按全宗的性质分类排列。

4. 档案存放位置索引：第一种指明档案的存放位置，即以全宗及其各类的档案为单位，指出它们的存放位置；第二种指明各档案库房保存档案情况，即以档案库房和档案架柜为单位，指出它们保存了些什么档案。这两种索引，按形式又可分为簿籍式和卡片式两种。

5. 档案代理卡。由于提供利用或档案馆（室）内部工作需要（如重新整理、修补、复制、编检索工具等），经常需要将库房中已上架安排放好的档案暂时移出库外，为便于库房管理人员掌握档案流动情况和安全检查，可以填制一种卡片放在档案原来存放的位置上，即通常所谓的代理卡或代卷卡。

6. 全宗卷：在档案馆（室）工作中，专门为了保存和管理某一全宗而形成的能够说明其全宗历史情况的文件材料，以全宗为单位组成专门案卷，称为全宗卷。全宗卷通常包括下列材料：移交和接收全宗的文据，立档单位和全宗历史考证，全宗整理工作方案，全宗内档案数量和状况的检查登记表册，档案销毁清册，全宗指南，等。全宗卷是在档案馆或现行机关档案室本身的工作活动中形成的一种档案。它与档案馆(室)所保管的全宗有着密切的联系，是对全宗进行整理、鉴定、统计、提供利用以及进一步收集该全宗范围内档案的重要依据，是档案馆(室)管理全宗和保管工作人员掌握全宗情况不可缺少的一种工具。因此，全宗卷应单独集中，按全宗顺序保管。当全宗移交另一个档案馆(室)保管时，其相应的全宗卷也必须随同全宗移交。

7. 温湿度调节和清洁卫生。

8. 保卫和保密。

9. 防火。

10. 档案在搬动中的保护。

11. 档案的安全检查。

第三节 文献信息处理方法与技术知识

一、文献分类与主题标引概念及其原则

(一) 文献分类与主题标引概念

文献分类与主题标引是根据文献主题的学科、专业属性以及其他有检索意义的特征，赋予文献分类检索标识原分类号的过程。文献分类就是以分类法为工具，根据文献资料所反映的内容知识属性和其他显著特征，将馆藏文献资料分门别类地加以组织与揭示的一种方法。文献主题是概括文献中关于某一研究对象情报内容的概念。文献分析分类是当一种文献可以拆分成更小的内容完整的单元时，对各个单元进行文献分类标引。主题标引是依据一定的主题词表或主题标引规则，赋予信息资

源词语标识的过程。

(二) 文献分类标引原则

1. 学科属性原则

学科属性原则要求文献分类标引首先必须以其内容的学科或专业属性为主要标准。

2. 专指性原则

专指性原则是指要将文献分入恰如其分的类，而不能分入范围大于或小于文献实际内容的类目。

3. 实用性原则

实用性原则的要求是文献分类标引必须使文献尽其用，即要根据文献的实际用途、写作目的、读者对象，及收藏文献机构的专业属性等，将文献分入最大用途的类。

4. 系统性原则

文献分类标引必须体现分类法的系统性、等级性和次第性。凡能归入某一类的文献，必带有其上位类的属性。也就是说，凡能归入某一类的文献，一定也能归入其上位类。

5. 逻辑性原则

文献分类标引必须遵循逻辑划分的原则，而不能违背概念逻辑。

6. 一致性原则

一致性原则是将内容相同的文献集中归入同一个类目，可以通过讨论，建立分类规范文档，人为地将其集中到某类。

7. "其他" 类原则

"其他" 类原则是指当一个文献的主题在分类法中找不到为它专列的相应类号，入 "其他" 类优先于入上位类。

8. 入上位类，或依论述重点归类原则

当一个文献的主题涉及两个及两个以上类目的文献，能入上位类的入上位类，否则可依其重点归类。

9. 新学科、新主题文献分类原则

新学科、新主题文献在分类表中没有明确列类时，可先靠入其母学科，或归入其相关的上位类。

文献的分类原则按照主题数量的多少又可以分为单主题文献分类标引和多主题文献分类标引。两种不同类型的分类原则各自有各自不同的内容：

1. 单主题文献分类标引原则

一是简单地只讨论一件事或一个问题的文献，一般依其内容的学科属性归类；

二是分别从不同的学科来研究同一主题的文献，以研究它的学科归类。

三是同时从几门学科综合论述一个主题的文献，以论述该主题的主要学科归类。

2. 多主题文献分类标引原则

多主题文献分类标引原则是对各主题进行分析，依其最能体现该文献内容实质的或在内容中起主导作用的主题归类，必要时对另外的主题做附加分类。如果不分主次，可选择篇幅较多者或篇幅居前者的类号作为主要分类号。

二、文献分类的工作程序

文献分类的工作程序主要包括查重、主题分析、判断类别、标引类号和校验审核这五个方面，具体内容如下：

（一）查重

所谓的查重也称作查复本，是文献分类的首要工作。就是查明将要分类的文献在本馆以前是否已有收藏并且分编过。查重的目的是为了杜绝复本书重复分类、给号前后不一致的情况出现。查重主要依据公务书名目录。

（二）主题分析

主题分析是对文献资料的内容、组成部分浏览后，对其主题性质进行判断的过程。

（三）判断类别

这里的判断类别指的是根据文献资料的学科本质属性，在本馆的使用本上找到其所属的相应具体类目的过程。

（四）标引类号

标引类号指的是当一书被归入某一类目后，可将该类的类号用铅笔写在书名页的角上。给号时，一定要以本馆的使用本和分类表的具体规定为准。

（五）校验审核

校验审核是对前面一系列工作进行严格的检验，必须符合相关标准才可以确定为文献分类工作的完成。

文献分类的作用有：

1. 有利于组织分类排架。最直接、最理想的就是分类排架法。

2. 有利于编制分类目录。分类目录是按分类体系组织的一种目录，是目前我国图书情报部门的目录体系中使用频率较高的一种目录。

三、主题标引概述

主题标引指的是依据一定的主题词表或主题标引规则，赋予信息资源词语标识的过程。要对主题标引有充分的了解，我们首先要对主题标引和分类标引有个清晰的认识，要知道其存在的异同。主题标引与分类标引的对比如下：

（一）主题标引与分类标引的相同之处

（1）它们揭示和检索的对象是一致的，都是各种类型的图书资料，它们都是依据这一对象的客观存在而产生和发展的。

（2）它们都是从图书资料的内容途径进行揭示和检索的一种方法。

（3）它们的目的和作用是一致的，都是文献信息单位用来组织和编排图书资料检索的工具，向读者揭示、宣传和流通图书资料的一种手段。

（二）主题标引与分类标引的不同之处

1. 体系结构不同

字顺系统是主题法体系结构的主体。这种字顺系统指主题词表的全部主题词和主题目录、主题索引的全部标题，它们都是依据字顺排列先后的。此外，有的主题词表还根据需要编制了用于组配使用的各种类型的辅助表和附表，如地域表、形式表、国家表、人物表、组织机构表等。另外，还编制了一些用于提高标引和检索效能的分类索引、词族索引、文种对照索引、轮排索引等辅助性的结构措施。

分类法体系结构的主体是按学科性质划分的等级层累结构的逻辑分类系统。这种逻辑分类系统，是指各门学科知识类目的划分，遵守从总到分，从一般到特殊，从低级到高级，从简单到复杂，从上位到下位，层层展开，上下隶属的逻辑序列。此外，分类法在体系结构上，还编制了一定数量的辅助分类表、专类复分表、类目索引或相关主题。

2. 揭示事物的角度不同

主题法主要是从图书资料内容的主题字顺角度进行揭示，它所揭示的是某个具体的事物、对象和问题。主题法不问学科分类，也不管学科之间的逻辑关系，而只是对事物的特定对象及其各个方面的问题进行研究和探索。

分类法则主要是从图书资料内容的学科性质出发对事物进行分类揭示的。它所揭示的是事物属于什么学科门类，便于读者把这个事物置于一定学科体系之中进行研究和探索。

3. 对图书资料的集中与分散不同

主题法是把同一主题的图书资料集中，却把同一学科性质的图书资料分散。相反，分类法把同一学科性质的图书资料集中，却把同一主题的图书资料分散。

4. 标识符号系统不同

主题法主要采用直接的语词标识系统，以规范化的或不规范化的自然语言，作为图书资料内容主题的标识符号，这种标识符号比较直观，给人以一目了然的效果。但是，其不足之处是采用这种标识编排图书资料检索工具时，词与词之间是机械地排列，在编排上不能揭示和反映学科体系的内在联系。

分类法采用的则是一种间接的号码标识系统。即以字母、数字或二者混合的号码，作为大小类目的标识符号。分类法所组织和编排的检索工具，主要依据类号进行序列。

图书资料的学科体系，也主要是靠这种类号去揭示和反映。类号与类目名称紧密结合，一旦类号完全脱离类目名称，则难以知道类号的含义。

5. 语义关系的显示方法不同

主题法的主题词之间的语义关系，主要是通过它的参照系统，即"用（Y）""代（D）""属（S）""分（F）""族（Z）""参（C）"等显示同义、属分和相关语义关系。其次，叙词法还编制了范畴分类索引、词族索引（词族图）等辅助性措施来显示词的隶属或等级性质的语义关系。

分类法类目之间的语义关系，主要依靠类号类目的等级层次，直接显示上下位类目概念之间的隶属关系、平行并列关系，其次还靠参见法、指入法、交替法以及类目注释说明等方法，显示类目概念之间的同义、相关等语义关系。

6. 组配方法不同

主题法的组配，由于直接采用自然语言的名词术语作为组配标识，它的组配是词与词的结合，所以使用起来一般比较直观、灵活。

分类法的单线性逻辑序列，一般很难反映学科之间的多种交叉现象。譬如边缘学科、交叉学科和综合学科的图书资料，在类表中往往难以安排位置，适应性较差。为了满足这一需要，现代许多分类法，则采用许多通用复合组配、专用复分组配和主类号组配等有力措施，来补救这一缺点。

7. 组织藏书的功能不同

主题法不可能具有组织藏书排架的功能。分类法在功能上则具有独到的优点，它既能用于组织编排目录索引检索工具，又能用于组织藏书排架，是管理图书的一种科学方法。

8. 适应自动化的程度不同

从总的使用情况来看，主题法由于直接使用自然语言作为检索标识和采取语词概念的组配方法，以及反记著录的方法，因而它更适应于各种机械设备，便于实现图书资料检索工作的自动化、网络化。当然，主题法也可用于编制手工检索工具，而分类法虽然可以用于计算机检索，但主要是用于编制手工检索工具。

（三）主题标引的方式

主题标引主要包含以下五种方式：

一是整体标引。整体标引是一种概括揭示信息资源基本主题内容的标引，亦称浅标引。

二是全面标引。全面标引是一种充分揭示信息资源论的索引，符合检索系统要求的主题概念的标引，亦称深标引。

三是对口标引。对口标引是一种只揭示资源中适合本专业需要的主题内容的标引，亦称重点标引。

四是综合标引。综合标引是一种以集合型信息资源的整体为单位进行的概括性标引。

五是分析标引。分析标引是一种根据资源中部分片段或集合型资源的构成单元进行的标引。

四、主题标引的方法

主题标引主要有三种方法，分别是主题分析、主题概念的转换和标识的确定。三种方法各有各的特点，具体的内容如下：

（一）主题分析

所谓的主题分析，是指根据主题标引和检索的需要，对文献内容特征进行分析，提取主题概念的过程。具体而言，就是在分析文献主题类型、主题结构的基础上，对具有检索意义的主题概念进行提炼和取舍的过程。

主题分析的类型主要有：

1. 单主题和多主题（根据文献中论述主题的数量来分）

单主题是指一篇文献中只研究一个中心对象或问题，即论述某一特定事物的对象，或论述一事物的几个方面，以及与其他事物对象的联系；多主题是指一篇文献同时研究两个或多个独立的事物对象或问题。

2. 单元主题、复合主题和联结主题（依据一主题中主题概念的数量和关系来分）

单元主题是指只需要一个基本概念就可以概括的主题；复合主题是指由两个或两个以上基本主题概念结合构成的主题；联结主题，亦即相关关系主题，是一种涉及两个主题对象之间联系的主题类型。

3. 主要主题和次要主题（按文献论述的重要程度来分）

主要主题是文献论述的主题内容中，作者重点论述的主题或称中心主题；次要主题是文献论及多个主题时不属于重点论述的主题。

4. 专业主题和相关主题（按照文献主题与检索系统专业的相关程度来分）

专业主题是指与检索系统专业性质一致的主题，一般应予充分揭示；相关主题则是指与检索系统专业性质不相一致的主题。

5. 显性主题和隐性主题（按照文献论述的直接程度来分）

显性主题是指文献明确阐述、表达的主题；隐性主题则是指文献没有用直接语词加以描述，而是隐含在不同字面形式中的主题。

分析主题结构有：

主题结构是指构成主题的各个基本主题因素以及它们之间的相互关系。所谓分析主题结构，就是在分析主题类型的基础上，对文献中的复合主题进行分析，弄清其构成成分以及相互的联系，以便在明确主题构成的基础上，对主题概念进行提炼。

对主题结构因素的分析，一般采用刘湘生的主题分面公式，即我国国家标准《文献叙词标引规则》(GB/T3860-1995)，其基本特点是把所有文献主题因素归纳为五个基本方面：主体面、通用面、位置面、时间面、文献类型面。

1. 主体面（主体面中的主题因素称为主体因素）

主体面是文献主题中的主体部分，即文献所研究和论述的主题中的关键性主题概念。

2. 通用面（通用面中的主题因素称为通用因素）

通用面是指文献主题中的次要部分，即构成主题的一些通用概念。主题词表中凡是没有独立检索意义的一些主题词，如研究、方法、设备、设计、演变、工作总结等，均为通用因素。

3. 位置面（位置面中的主题因素称为位置因素，也叫空间因素）

位置面是指文献研究和论述的对象、问题所处的空间，一般是地理位置属性的概念，即主题中的位置因素。它包括国家、地区、地名以及机构方面的主题词。

4. 时间面（时间面中的主题因素称为时间因素）

时间面是指事物、对象、问题所处在的时间范围的属性概念，即主题所包含的时间属性。它包括年代、时间、朝代等方面的主题词。

5. 文献类型面（文献类型面中的主题因素称为文献类型因素）

文献类型面是指表现主题的文献类型形式方面的各种概念属性。如词典、手册、丛书、百科全书、会议录、论文集等主题词。

(二) 主题概念的转换

主题概念的转换通常是以一定的词表为工具，将分析出的主题概念转化为规范化的主题词，即叙词，并根据检索系统的要求，对标识做出处理。转换的方式主要有两种，即直接转换和分解转换。

(三) 标识的确定

标识的确定是指依据检索系统的使用需要，在完成标识转换的同时，对标引词进行必要的处理。

1. 机检词的处理。对机检词的处理主要有加联号、加职号、根据输出需要确定标题等几种方法。

2. 确定标题

确定标题的结构形式主要有两种：

一是单一标题，亦称单级标题，即由一个叙词构成的主题标识。

二是复合标题，亦称多级标题，即将两个或多个主题词按一定的次序加以组合，并使用相应组配符号连接的标题形式。

确定标题的方式有：

做好主标题的选择。选为主标题的词一般应为具有独立检索意义的词，通常为表示主题因素的叙词。

对叙词的引用次序做出规定。引用次序的确定，可以参考一定的通用引用次序进行。

规定轮排模式。轮排，是指一次将标题中每个有检索意义的叙词作为检索点，轮流排列在主标题的位置上，同时对标题中的其他叙词做相应变动。

五、主题标引规则

主题标引的基本规则包括如下：

（一）主题标引的查词规则

（1）主题标引必须是词表中的正式主题词，非正式主题词不得作为标引词用，书写形式必须与词表词形一致。

（2）要选用词表中与文献主题概念相对应的最专指的叙词进行标引。

（3）一书如涉及两个方面的内容时，应标两个并列的主题词。

（4）在词表中没有相对应的专指叙词时，可选用词表中含义最近、关系最密切的两个或两个以上的叙词进行组配标引。

（5）在词表中没有相应的专指叙词，也无法以词表中含义最接近、关联最直接的叙词进行组配标引时，可选用最接近的上位词进行标引，即上位词标引。

（6）在词表中没有相应的专指叙词，也无法用适合的叙词组配标引或上位词标引时，可选用含义相近的叙词进行标引，即靠词标引。

（7）如待标主题概念为未收入词表的新概念或本身具有较大标引和检索价值，不适宜采用除标引相应的专指叙词以外的任何一种标引方法时，则可考虑直接采用自由词标引，亦即增词标引。增词标引一般包括下述情况：

一是词表中明显漏收的重要主题概念；

二是具有重大标引价值的表达新学科、新理论、新技术、新材料、新方法的概念；

三是虽然可以采用组配标引、上位标引、靠词标引等方式，但如该主题概念标引频率较高，具有较大检索价值时，也可改用增词标引；

四是组配标引可能出现二义性结果时，也可以根据需要直接采用复合词形式进行自由词标引。

(8) 边缘学科、交叉学科，其内容彼此相关，可做主题参照款目。

(9) 丛书、多卷书等、连续性出版物，可采用"集中"或"分散"的办法进行标引。

(10) 对多主题的书，除标引几个具有代表性的主题词外，必要时可做主题分析款目。

(二) 主题标引的组配规则

主题标引的组配规则是指在主题标引过程中，将两个或两个以上的主题词按照一定的逻辑关系结合在一起表达文献主题，称为组配标引。

1. 组配原理

主题词组配通常分为概念组配和字面组配。概念组配是叙词法的基本原理，它是指参加组配的叙词之间必须符合一定的逻辑关系，而不是简单的字面分拆或随意的语词组合，其实质是概念的分拆和综合(拆义)。字面组配是从词形上着眼，而不考虑概念之间的关系，其实质是词的分拆和组合(拆词)。

2. 组配形式

主题标引的组配形式，按所依据的概念间的逻辑关系，可分为：

(1) 交叉组配：指用具有交叉关系的若干个主题词的组合表示一复合概念词的组配，亦称并列组配。符号为":"。

(2) 限定组配：它是以概念的限定方式为基础，由泛指的属概念过渡到专指种概念的一种组配。

3. 组配规则

主题标引必须遵循以下的组配规则：

一是叙词的组配应当是概念组配，而不是单纯的字面组配；

二是叙词的组配应优先采用交叉组配，在不能使用相应叙词交叉组配时，才采用限定组配；

三是叙词的组配不得采用越级组配，即在可以使用相应专指叙词组配标引时，不得使用该词的上位词或下位词进行组配；

四是叙词的组配，必须选用与文献主题关系最密切、最确切的词进行组配；

五是叙词组配结果必须明确，具有单义性；

六是对并列多主题文献，可采用分组组配方式，并以相应符号揭示主题词之间的联系，以避免出现虚假组配；

七是当某一主题概念在词表中已明确规定相应组代词时，应采用规定组代的相应叙词进行组配标引，不得另选其他叙词；

八是在能选用专指的单个叙词标引时，不得采用组配形式进行标引；

九是具有矛盾关系的概念词，相互之间不得用于组配；

十是叙词的组配词序，一般可依据国家标准中采用的分面公式，按主体因素、通用因素、位置因素、时间因素、文献类型因素的次序确定，如标题中出现多个属于主体因素的叙词时，可按照它们之间的依存关系，依次按对象、部件、材料、过程、操作、工具的次序加以序列。

现代化图书馆的快速发展，必然带动着相关文献资料的巨大发展。改革开放以来，我国图书馆在文献资源建设方面已取得较大的进展。图书馆积极参与科学建设，并为其提供充足的文献信息，是促进其自身发展的需要，更是体现办馆特色、优化馆藏结构的需要。图书馆的文献资源丰富，就可以为现代图书馆的建设提供更有效的服务。而对图书馆进行科学的文献分类和主题标引，对于读者的阅读服务有了很大的提升，且是很有必要的。

参考文献

[1] 陈富良.中国文献资源建设历史轨迹的考察[J].图书馆，1994(4)：6-8.

[2] 陈觅.论公共文化服务体系建设中的公民参与[J].中共青岛市委党校青岛行政学院学报 2009（11）：39-42.

[3] 陈培铜.长三角区域公共图书馆立法冲突及其协调[J].图书馆建设，2008(12)：82-84.

[4] 陈一梅.美国图书馆多元文化服务的现状分析及启示[J].农业图书情报学刊，2012(6)：201-203，211.

[5] 程焕文.民国时期图书馆事业的发展与评价[J].图书情报知识，1986(3)：37-38，36.

[6] 程结晶.西南地区图书馆服务体系理论研究[J].新世纪图书馆，2008(6)：6-9.

[7] 川崎良孝.美国公共图书馆标准的历史变迁[J].图书馆杂志，2011(7)：2-7，13.

[8] 单敬兰，赵建华，赵保华.我国农村图书馆事业的兴起和前景[J].中国图书馆学报，1991(2)：81-85.

[9] 党跃武.新世纪图书馆事业发展的制高点——纪念《图书馆工作汇报提纲》二十年[J].图书馆论坛，2001(1)：3-5.

[10] 定友，钱亚新，钱亮，等.图书分类法史略[J].广东图书馆学刊，1987(1)：1-9，13.

[11] 李听. 试论图书馆文献信息资源的共建共享 [J]. 图书馆学刊，2005(5)：86-88.

[12] 周静娴. 河北高校图书馆资源共享体系建设的实践探索 [J] 教学研究，2006(3)：222-224.

[13] 马艳，罗晓鸣. 以 CALIS 为龙头促进高校图书馆文献资源建设 [J]. 高校图书馆工作，2003(2)：32-33.

[14] 林嘉. 欧美及我国图书馆联盟的建设与发展 [J]. 图书情报知识，2003(3)：76-77.

[15] 李娟，杨峰. 建立共享的图书馆自动化管理系统 [J]. 情报杂志，2002(12)：17-19.

[16] 吴慰慈，董众. 图书馆学概论（第二版）[M]. 北京：北京图书馆出版社，2002.

[17] 程焕文，潘燕桃. 信息资源共享 [M]. 北京：高等教育出版社，2004.

[18] 黄宗忠. 图书馆学体系的沿革与重构（下）[J]. 图书与情报，2003(4).

[19] 吴慰慈，张久珍. 图书馆学新探 [M]. 北京：北京图书馆出版社，2007.

[20] 吴慰慈. 图书馆学基础 [M]. 北京：高等教育出版社，2004.